JULIE BARDIN

Saints, Anges et Démons

Saints protecteurs,
anges et démons

...

D'HIER ET D'AUJOURD'HUI

De Borée
Terre de poche

Dans la même collection

Citations, Proverbes et Dictons de chez nous, Julie Bardin
Trucs et Conseil à l'ancienne, Julie Bardin
Mots d'amour, Julie Bardin

53, rue Fernand-Forest, Z.A. de l'Artière, 63540 Romagnat
Diffusion : De Borée
Achevé d'imprimer en France en octobre 2004
Dépôt légal octobre 2004
ISBN 2-84494-271-7
N° d'impression : 25479

Introduction

Il y a le bien, il y a le mal. Et l'homme, qui est au milieu. L'homme qui aspire au bien, mais résiste peu aux tentations du mal. Pour combattre ce mal finalement plus facile à faire que bien, il a inventé le diable, imaginé Satan et ses suppôts, tous plus hideux les uns que les autres ; regardez-les, au tympan des cathédrales, dans les scènes de Jugement dernier ! Ils sont laids à faire peur.

Pour mieux affronter ces croquemitaines, l'homme, qui n'osait s'adresser directement à Dieu, ne voulant pas le déranger pour si peu, prit des intercesseurs : les saints et les anges. Les anges l'aident à rester dans le droit chemin de la vertu (car vus du ciel, on distingue mieux les labyrinthes des chemins de traverse dans lesquels s'égare volontiers – et en toute bonne foi – le pécheur).

Les saints protègent l'homme des attaques du mal, dont on a fait maladie ; ils ont été hommes, avant que d'être bienheureux, et comprennent donc les prières, même maladroites… Le tout, anges gardiens, saints protecteurs, diables et créatures démoniaques, tient en un livre : celui qui est entre vos mains. Il vous raconte la légende dorée des saints et le grimoire des démons, l'armée pacifique des anges et les pièges invisibles de Satan tels qu'on les racontait, il n'y a pas si longtemps encore, dans nos campagnes.

Redécouvrez, comme vos ancêtres, ces saints qui font du bien et les créatures qui vous veulent du mal, identifiez vos anges gardiens et vos démons familiers : ils ont beau être très anciens, ils restent modernes, et de bonne compagnie malgré, pour certains, une légère odeur de soufre…

Julie Bardin

- I -

Les saints protecteurs

SAINT, DU LATIN *SANCTUS*, PUR, VERTUEUX. Attribué à une personne, à un lieu ou à un objet, le mot saint le consacre aux yeux des profanes comme à ceux des membres d'une communauté religieuse.

Toutes les religions possèdent des lieux saints vers lesquels se dirigent des pèlerinages. Le centre des temples, le *naos* dans lequel ne peut entrer que le grand prêtre, est généralement le lieu le plus sacré, appelé saint des saints. C'est dans le saint des saints que les Hébreux enfermaient le tabernacle, où était placée l'arche d'alliance.

Le christianisme considère comme saints les martyrs et les êtres qui ont eu une vie particulièrement exemplaire tant par l'amour qu'ils ont donné que par la fidélité qu'ils ont montrée dans leur foi. Les églises, villes et villages ont souvent pris le nom d'un saint pour en faire leur patron protecteur tandis que les familles donnaient ce nom, pour des raisons identiques, à leurs enfants lors de leur baptême. Les saints sont généralement fêtés le jour anniversaire de leur mort tandis que la fête de tous les saints, la Toussaint, est célébrée le 1er novembre.

On appelle *Semaine sainte* la semaine qui précède Pâques et qui débute le dimanche des Rameaux. Le *Saint-Siège* est le siège de la papauté au Vatican, à Rome. Il représente le gouvernement de l'Église, exercé par la curie et par le souverain pontife, lequel est appelé aussi le *Saint-Père*.

La *Légende dorée*, ensemble de textes recueillis par l'évêque italien Jacques de Voragine au XIIIe siècle, relate les activités réelles ou merveilleuses des apôtres et des martyrs des premiers temps du christianisme.

Ce sont ces légendes qui servirent souvent de référence aux imagiers pour la caractérisation de leurs personnages. Il en est ainsi de la croix de saint André, de la coupe de saint Jean, de l'équerre de saint Thomas, de la plaie à la cuisse de saint Roch ou de la flèche transperçant la main de saint Gilles sauvant la vie d'une biche. Au Moyen Âge, la *Légende dorée* fut le livre le plus lu et le plus récité dans l'ensemble de l'Europe chrétienne.

Abel (saint)

Abel vient de l'hébreu *helvel*, synonyme de fragile. Irlandais, Abel (fête le 5 août) vient en Gaule au VIIIe siècle avec des missionnaires. Ses prédications l'entraînent jusqu'en Frise. Nommé évêque de Reims, il occupe le siège épiscopal trois ans, avant d'en être chassé par un usurpateur. Il se retire à l'abbaye de Lobles (Pays-Bas), dont il devient l'abbé. Il y reprend sa mission d'évangélisateur, à Liège et dans le Hainaut. Il y meurt vers 760. Saint Abel était invoqué pour chasser le démon.

Autre Abel (fête le 2 janvier), celui de la Bible, le fils d'Adam et Ève. Berger, il est tué par son frère Caïn, qui lui travaille la terre. Dieu, en préférant l'offrande d'Abel (un agneau immolé) à celle de Caïn (une partie de sa récolte), a provoqué sa jalousie. Les moribonds l'invoquaient, car il a été le premier mort de l'humanité.

Abraham (saint)

Abraham vient de l'hébreu *ab raam*, Père des nations. Abraham (fête le 20 décembre) est un personnage important de la Bible. Vertueux patriarche des Hébreux, il quitte avec eux, deux millénaires avant l'ère chrétienne, le pays d'Ur (Chaldée) pour le pays de Canaan. Ancêtre des Juifs et des Arabes, il n'hésite pas à sacrifier son fils Isaac sur l'ordre de Dieu (au moment ultime, un bélier lui est substitué).

Autre saint Abraham (fête le 15 juin) invoqué pour faire tomber la fièvre un chrétien du Ve siècle, d'origine égyptienne ; prisonnier de pirates, il s'enfuit en Gaule et fonda un monastère en Auvergne.

ADAM (saint)

Adam vient de l'hébreu *adama*, fait de glaise. Adam (fête le 24 décembre) est le père de l'humanité. C'était tout sauf un saint, puisqu'Ève lui ayant fait croquer la pomme de la Connaissance, il fut chassé du Paradis terrestre et obligé de gagner son pain, lui et ses descendants, à la sueur de son front. À saint Adam, patron des jardiniers, car premier occupant du jardin d'Éden, on demandait du soleil.

ADRIEN (saint)

Adrien de la racine latine *Hadria* (ville de Vénétie), racine que l'on retrouve aussi dans le nom de la mer Adriatique. Officier de l'armée impériale, Adrien (fête le 8 septembre) persécute des chrétiens à Nicomédie (Turquie). Mais, pour l'amour de Nathalie, chrétienne, il se convertit. Emprisonné avec ceux qu'auparavant il condamnait, il est martyrisé le 4 mars 306, sous Dioclétien. Saint Adrien est le patron des bourreaux, des bouchers, des gardiens de prison et des brasseurs de bière !

Un autre saint Adrien (fête le 4 mars), lui aussi d'origine romaine, fut un évêque envoyé en Écosse pour y convertir les populations, au IXe siècle. Il y fut mis à mort par les Normands. On l'invoquait pour ressouder les jambes cassées.

AGATHE (sainte)

Agathe vient du grec *agathos*, bon. Sainte Agathe (fête le 5 février), vierge de Sicile au IIIe siècle, était si belle qu'un juge romain voulut l'épouser. Mais parce qu'elle avait repoussé ses avances, il la fit flageller comme chrétienne. Elle ne céda pas. Alors il lui fit couper les seins. Mais, dans sa prison, Agathe fut guérie de ses blessures par saint Pierre. Ses bourreaux la déchirèrent avec des griffes de fer et l'achevèrent en la traînant sur des charbons ardents. Les artistes, souvent, la montrent présentant ses seins sur un plat. Sainte Agathe, patronne de la Sicile, passait pour protéger l'île des éruptions de l'Etna quand on portait ses reliques au pied du volcan. Patronne des bijoutiers, des fondeurs de cloches, des tisserands et des nourrices.

AGNÈS (sainte)

Agnès vient du grec *hagnos*, pureté. À 13 ans, sainte Agnès (fête le 21 janvier) préféra mourir plutôt que de renoncer à sa foi, après avoir été dénoncée par des jeunes gens dont elle avait repoussé les avances. D'après les Romains, elle fut arrêtée, lacérée par des griffes de fer. Des hommes proposèrent de l'épouser pour mettre fin à son supplice mais elle refusa, préférant la virginité et la mort. Le bourreau, excédé, lui trancha la tête (ou lui plongea un glaive dans le cœur). Selon les Grecs, ne voulant pas renoncer à sa foi chrétienne, elle fut conduite dans une maison de passe. Mais le premier homme qui s'approcha d'elle tomba, foudroyé (ou devint aveugle, selon une autre version). Agnès le guérit, et se rendit elle-même sur un bûcher où elle fut brûlée vive. C'était à Rome vers l'an 300. Ses reliques y sont toujours conservées. Agnès était invoquée par les jeunes filles lorsqu'elles pressentaient, en des circonstances douteuses, leur virginité menacée, ou pour surmonter l'angoisse des premières règles.

AIGNAN (saint)

Aignan est la francisation du nom latin *Anianus*. Saint Aignan (fête le 17 novembre), d'origine hongroise (sa famille avait fui les Goths), évêque d'Orléans au Ve siècle après avoir été ermite, organisa avec succès en 451 la résistance de la ville à Attila. Aignan y mourut le 17 novembre 453, à l'âge de 95 ans. Saint Louis avait pour lui une dévotion particulière. Saint Aignan, patron des cordonniers, était invoqué pour faire cesser la pluie !

Saint Augustin (de Cantorbéry) recevant la mission divine (symbolisée par la colombe) d'aller évangéliser l'Angleterre (miniature du IX*ᵉ siècle).* – *PAGE 27*

ALBERT (saint)

Albert vient du haut allemand *adal*, noble et *bert*, brillant. Saint Albert (fête le 15 novembre), dominicain surnommé le Grand Albert, fut, au XIIIe siècle, un théologien allemand de renom. L'un de ses disciples fut saint Thomas d'Aquin, mort à Cologne le 15 novembre 1280. La place Maubert, à Paris, lui fut dédiée (Maubert est la contraction de maître Albert, qui parce qu'il s'intéressait aux sciences, passa pour sorcier ; la postérité lui attribua l'écriture d'ouvrages de magie, *Les Secrets du Grand et du Petit Albert*).

Autre saint Albert (fête le 7 août), un moine qui convertit les Juifs de Messine, au XIVe siècle, et qui était invoqué en cas de défaillance sexuelle.

ALBIN (saint)

Forme dérivée d'Alban. Saint Albin (fête le 1er mars), au VIe siècle, fut évêque d'Angers. Il protesta contre les mœurs incestueuses des seigneurs francs qui, pour s'emparer d'héritages, épousaient leurs sœurs et leurs nièces. Saint Albin était invoqué lorsqu'on ne savait comment rembourser ses dettes !

ALEXIS (saint)

Alexis vient du grec *alexein*, qui repousse les ennemis. Prénom dérivé d'Alexandre, il apparaît au IVe siècle à Rome. Saint Alexis (fête le 17 juillet), né à Rome vers 350, a une vie si exemplaire que même les chrétiens, des siècles plus tard, l'ont trouvée trop belle pour être vraie. Le soir de son mariage, qu'il refuse de consommer, ce fils de sénateur part vivre d'aumônes, désirant trouver Dieu par la pauvreté. Il vit dix-sept ans sous le porche d'une église, à Édesse, puis, en haillons, revient chez lui à Rome. Personne ne le reconnaît, et il vit encore dix-sept ans de la charité des siens qui ne découvrent son identité qu'à sa mort : il a écrit son histoire sur un bout de parchemin qu'il lâche en expirant... Il était invoqué par ceux qui voulaient échapper au mariage.

Autre saint Alexis, un marchand de Florence qui vendit ses biens pour se mettre au service des pauvres et fonder l'ordre des Servites de Marie. Il mourut centenaire en 1310.

ALPHONSE (saint)

Alphonse vient du germanique *adal*, noble, et *funs*, rapide. Saint Alphonse Marie de Liguori (fête le 1er août) naquit à Naples en 1696, dans une famille noble. À 17 ans, il était déjà docteur en droit canon ! Les plus riches familles lui présentaient leurs filles à marier, mais il prit l'habit monastique en 1722. Il prêcha autour de Naples, et fonda la Congrégation du Très-Saint-Rédempteur pour assister les malheureux. Lors d'une famine, il vendit ses biens pour aider les pauvres de son diocèse (il avait été nommé évêque). Il mourut à 91 ans et fut proclamé docteur de l'Église en 1839. Saint Alphonse était invoqué par ceux qui se sentaient devenir malhonnêtes, mais avaient encore assez de lucidité pour tenter de revenir dans le droit chemin…

AMBROISE (saint)

Ambroise vient du grec *ambroisios*, l'ambroisie, nourriture des dieux. Fils d'un préfet des Gaules, saint Ambroise (fête le 7 décembre) naquit à Trêves vers 340, dans une famille romaine et chrétienne. Avocat réputé, il fut élu évêque par la foule sans l'avoir demandé. Il accepta la charge et mit son érudition au service de l'Église, déjà agitée de mouvements schismatiques, et sa fortune au service des pauvres. Il introduisit le chant religieux dans les cérémonies. Mort le 14 avril 394, il fut déclaré docteur de l'Église. Artisan de la conversion de saint Augustin, saint Ambroise, qui avait tout donné aux pauvres, était invoqué par les avares… Mais il était aussi invoqué par ceux qui avaient des ruches : le saint était le protecteur des abeilles car, lorsqu'il prêchait, sa parole était si suave que les abeilles se posaient sur lui, croyant y butiner du nectar…

Autre saint Ambroise (fête le 16 août), un légionnaire romain martyrisé en 303 ; on le fit périr d'étouffement dans un réduit surchauffé. Il était invoqué par ceux qui ne supportaient pas la chaleur !

Amédée (saint)

Amédée vient du bas latin *Amadeus*, aimé de Dieu. Saint Amédée (1435-1472, fête le 30 mars) était duc de Savoie. Marié à Yolande de France, il fut obligé, à cause de ses crises d'épilepsie, de lui abandonner le pouvoir, ce qui provoqua la jalousie de ses frères, qui firent appel au duc de Bourgogne Charles le Téméraire, d'où une guerre. Détaché des affaires, Amédée IX, lui, nourrissait les pauvres, faisait bâtir des hôpitaux et des couvents. Il mourut le 30 mars, veille de Pâques ; ses sujets, fiers d'avoir un roi aussi compatissant, en firent un saint. Saint Amédée était invoqué pour lutter contre l'épilepsie (dit aussi mal caduc) dont il avait, lui aussi, souffert.

Autre saint Amédée, lui aussi savoyard, un moine du XIIe siècle qui dirigea l'abbaye de Hautecombe (Savoie) et fut évêque de Genève.

Anastase (saint)

Anastase vient du grec *anastasis*, après avoir disparu. Saint Anastase était soldat du roi de Perse au VIIe siècle ; il participa à un pillage de Jérusalem. Ayant été en contact avec un morceau de la vraie croix, il se convertit au christianisme et fut baptisé Anastase (fête le 22 janvier). Après avoir vécu dans un monastère, il fut fouetté, puis torturé à mort pour avoir refusé de revenir vers ses anciens dieux, le 22 janvier 628. Il était l'un des patrons des orfèvres.

Un autre saint Anastase fut pape de 398 à 402 (fête le 27 avril). Il lutta contre les hérésies, et exhorta les évêques à répandre l'Évangile.

Saint Anastase (fête le 7 septembre), martyrisé au IVe siècle à Venise pour avoir manifesté son soutien aux chrétiens en peignant une croix sur sa porte, était invoqué pour les blessures aux mains…

Saint Anastase (fête le 21 avril), abbé sur le mont Sinaï, au VIIIe siècle, auteur d'ouvrages de piété à l'usage des jeunes gens, était invoqué par ceux que les homosexuels importunaient.

Saint Anastase (fête le 11 janvier) abbé italien au VIe siècle, était invoqué en cas d'orage…

ANASTASIA (sainte)

Anastasia (ou Anastasie) est une forme féminine d'Anastase. Deux saintes Anastasie ont eu des destins identiques. Issues de riches familles romaines, elles furent suppliciées parce que chrétiennes, au IIIe siècle. La première (fête le 28 octobre) eut les flancs brûlés avec des torches, les ongles et la langue arrachés, les dents cassées ; comme elle implorait Dieu en levant les mains, on les lui coupa, avant de la décapiter. Elle était invoquée pour les tumeurs du sein, les maladies de la langue.

L'autre Anastasia (fête le 25 décembre) fut brûlée vive. Elle est la patronne des femmes brutalisées par leurs époux.

ANDRÉ (saint)

André vient du grec *antropos*, et du latin *andreas*, homme. André (fête le 30 novembre) est l'un des douze apôtres de Jésus-Christ, pêcheur sur le lac de Tibériade, comme son frère Simon, qui devint saint Pierre. Après avoir évangélisé la Grèce, il fut crucifié à Patras sur une croix en forme de X, dite depuis croix de saint André (celle que l'on retrouve sur le drapeau du Royaume-Uni). Saint André a sous son patronage la Grèce, l'Écosse, la Russie mais aussi les bouchers, les cordiers et les métiers relatifs au poisson, référence à son premier métier. Il était invoqué pour soigner les maux de gorge, et par les filles en mal de mari. Elles devaient, avant de se coucher, croquer la moitié d'une pomme, placer l'autre moitié sous leur oreiller, et faire une prière à saint André. Le saint, pendant leur sommeil, leur indiquait le moyen de séduire leur futur mari.

Un autre saint André, né à Naples au XVIe siècle (fête le 10 novembre), réforma les ordres monastiques en Italie. Il refusa par humilité un poste d'évêque, combattit avec dureté l'hérésie protestante, et fut l'un des auxiliaires les plus zélés de l'Inquisition. Il mourut d'une crise d'apoplexie alors qu'il disait la messe, le 10 novembre 1608. Il était invoqué par ceux qui redoutaient une crise d'apoplexie, et par ceux qui voulaient perdre l'habitude de mentir (car avant d'être moine, il avait été

Catherine de Sienne (on voit les stigmates sur ses mains) guérissant une malade (miniature du XIVe siècle). – PAGE 38

avocat, métier avec lequel il avait rompu après avoir constaté le pouvoir ambigu de la parole).

Saint André Corsini (fête le 4 février), d'une famille de Florence au XIVe siècle, de joueur et noceur, se fit carme et devint un modèle de compassion pour les pauvres. Il était invoqué par ceux qui voulaient se délivrer du démon du jeu.

ANGÈLE (sainte)

Angèle est un dérivé d'Ange. Sainte Angèle (fête le 27 janvier), née en Italie du Nord en 1474, orpheline à 16 ans, utilise sa fortune pour créer un ordre, les Ursulines, consacré à l'éducation des jeunes filles. Lors d'un pèlerinage à Jérusalem, elle est frappée de cécité, parcourt la ville sainte sans la voir, mais retrouve la vue en repassant par l'endroit où elle l'a perdue. Elle meurt en 1540. Grande éducatrice, elle était invoquée par les parents pour aider les jeunes filles à garder leur virginité.

ANNE (sainte)

Anne vient de l'hébreu *Hannah*, grâce. Anne (fête le 26 juillet), de la tribu de Juda, épouse de Joachim, un riche propriétaire de troupeaux, supplie Dieu, après de longues années de stérilité, de lui donner un enfant. Un ange vient la rassurer sur sa maternité future, et peu après, elle met au monde Marie, la mère de Jésus-Christ, à l'âge de 67 ans…

Sainte Anne, mère à l'âge d'être grand-mère, était invoquée par les femmes contre la stérilité. Elle était patronne des métiers de couture, des marins, des meuniers et des ébénistes.

ANSELME (saint)

Anselme, protégé de Dieu, vient du germanique *ans*, divinité, et *helm*, protection. Né en 1030 en Italie, saint Anselme (fête le 21 avril) s'enfuit de chez lui, erre jusqu'en Normandie où il prend l'habit monastique. Il est nommé archevêque de Cantorbéry en 1093, où il subit les exactions des rois d'Angleterre. À plusieurs reprises, il doit se réfugier à Rome. Il meurt le 21 avril 1109. Saint Anselme aidait à trouver les sources.

ANTOINE (saint)

Antoine vient du latin *Antonius*, celui qui affronte l'adversité. Saint Antoine (fête le 17 janvier), naît en Égypte vers 250 dans une famille de riches chrétiens. À 20 ans, il vend ses terres pour aider les pauvres, et se retire en plein désert, en Thébaïde. Pendant trente ans, il va lutter contre les démons de la chair (le diable lui envoyant des visions érotiques), priant à longueur de nuit. Des disciples le rejoignent. Dès qu'ils sont trop nombreux, saint Antoine s'enfonce davantage dans le désert. Par deux fois, il sort de sa retraite pour combattre les hérétiques, prêchant sur les places publiques. Il serait mort plus que centenaire, en 356. Il était invoqué pour soigner les maladies de peau, dont une sorte de gale dite feu de saint Antoine. Il était, à cause de son cochon, patron des bouchers, mais aussi celui des moissonneurs.

Saint Antoine de Padoue (fête le 13 juin), né dans la noblesse portugaise, entre chez les Augustins, puis rejoint les Franciscains, qu'il va réformer. Il s'installe dans la région de Padoue où il meurt de maladie, à 36 ans, en 1231. Il était invoqué lors des accouchements, mais aussi pour retrouver les objets perdus, à condition de lui faire une offrande.

Un saint Antoine (fête le 13 décembre) prêtre en Italie au XVIIe siècle était invoqué contre l'orage car lui-même avait été foudroyé, ce qui lui avait donné le don de lire dans les pensées et de déceler les menteurs lors des confessions.

APOLLINE (sainte)

Apolline est un dérivé féminin d'Apollinaire. Sainte Apolline (fête le 9 février), gardienne d'une église d'Alexandrie, au IIIe siècle, lors des persécutions, eut les dents brisées parce qu'elle refusait de rendre hommage aux dieux romains. Puis on menaça de la brûler vive si elle s'obstinait. Profitant de l'inattention de ses bourreaux, elle courut au bûcher et se jeta d'elle-même dans le brasier. Sainte

Apolline était invoquée contre les caries, et contre les tentations de gourmandise, qui donne des caries. Toujours à cause de ses dents brisées, elle était la patronne des dentistes et des arracheurs de dents.

Armel (saint)

Armel vient du celtique *arz*, l'ours, et *moel*, le prince. Saint Armel (fête le 16 août), moine gallois, prêcha en Bretagne où il fonda Plou-Armel (Ploërmel). Il mourut vers 550. Saint Armel était invoqué lors des épidémies, pour se protéger de la contagion.

Arnold (saint)

Arnold est un dérivé d'Arnaud. Saint Arnold (fête le 14 août), de la famille des comtes de Flandre, fut d'abord le chevalier Arnold le Fort : lors des tournois, il se servait d'un mât de navire comme lance, et pouvait soulever un chariot de foin ! Las de guerroyer, il entra au monastère à Soissons, où il vécut en reclus pendant trois ans, jusqu'à ce que les moines en fassent leur abbé. Nommé évêque de Soissons, il servit de médiateur entre l'Église et les barons de Flandre. Il fonda une abbaye bénédictine, où il mourut le 15 août 1087.

Saint Arnold, patron des brasseurs de bière, était invoqué contre les piqûres de ronces.

Un autre Arnold (fête le 19 septembre), évêque de Gap, était invoqué contre le torticolis.

Athanase (saint)

Athanase vient du grec *athanatos*, immortel. Né à Alexandrie à la fin du IIIe siècle, saint Athanase (fête le 2 mai) fut évêque de cette ville et lutta contre les ariens. Pour leur échapper, il dut se réfugier dans le désert, vivant cinq ans caché dans une grotte, puis dans un caveau. Il mourut le 2 mai 373. Saint Athanase était invoqué contre les hémorroïdes.

Audrey (sainte)

Audrey vient du celtique *alt*, puissant et *rœn*, royal. Sainte Audrey (fête le 23 juin), fille d'un roi anglais, au VIIe siècle, voulait être religieuse. Son père, lui, voulait la marier. Après un premier mari qui accepta un mariage blanc, elle dut en épouser un autre qui voulut consommer leur union. Audrey, pour préserver sa vertu, s'enfuit et fonda un monastère dans l'Est de l'Angleterre, où elle s'éteignit. Elle était invoquée contre les maux de gorge.

Augustin (saint)

Augustin est un dérivé d'Auguste. Saint Augustin, né en 354 en Numidie est un riche païen qui, sous l'influence de sa mère sainte Monique, se convertit au christianisme après avoir étudié diverses religions. Il devint évêque d'Hippone (Bône, Algérie), où il mourut le 28 août 430, à 77 ans, alors que la ville était assiégée par les Vandales.

Il laissa des ouvrages qui ont été à la base de la théologie chrétienne. Saint Augustin, quand il était invoqué, faisait fuir les rats et purifiait la vigne de ses parasites (fête le 28 août).

Augustin de Cantorbéry (fête le 26 mai), d'origine romaine, à la fin du VIe siècle, avec 40 moines convertit les Saxons d'Angleterre au christianisme. Il mourut à Cantorbéry le 26 mai 605.

AURÉLIEN (saint)

Deux origines pour ce prénom, une latine, *aurum*, l'or, l'autre grecque *aura*, souffle léger. Évêque d'Arles au VIe siècle, saint Aurélien (fête le 16 juin) créa en Gaule deux monastères, où il imposa l'enseignement de la lecture et de l'écriture, et mourut à Lyon le 16 juin 551. Saint Aurélien était invoqué pour éviter l'indigestion.

Saint Aurélien, évêque de Limoges au IIIe siècle (fête le 10 mai), rendait l'ouïe aux sourds.

BALTHAZAR (saint)

Balthazar vient de *Bel Shar Ousour*, nom d'un roi de Babylone auquel le prophète Daniel prédit une mort prochaine. Balthazar (fête le 6 janvier), représentant la race noire est, avec Gaspard et Melchior, l'un des rois mages venus d'Orient, guidés par une étoile jusqu'à la grotte de Bethléem où Jésus venait de naître (il offre la myrrhe, résine aromatique du balsamier). Saint Balthazar, patron des joueurs de cartes, était invoqué contre l'épilepsie.

Barbe (sainte)

Diminutif de Barbara. Sainte Barbe (fête le 4 décembre), fille d'un notable de Nicomédie (Turquie), au IIIe siècle, reçoit une éducation raffinée, mais païenne. Secrètement, elle se fait chrétienne. Son père s'étonnant de la voir repousser plusieurs demandes en mariage découvre les croix qu'elle a peintes sur les murs. Fou de rage, il la dénonce au gouverneur qui la fait supplicier : on la brûle avec

Sainte Cécile et saint Valérien (mosaïque du IVe siècle). – Page 39

des lames rougies au feu, on lui meurtrit la tête à coups de marteau, on lui arrache les seins avec des griffes de fer. Son père, le 4 décembre 235, finit par lui couper la tête. C'est alors que la foudre du ciel s'abat sur lui et le gouverneur, et les carbonise ! Sainte Barbe, patronne des artilleurs, des cuisiniers, fossoyeurs et pompiers, était invoquée par ceux qui craignaient (ou désiraient) une mort subite, et par ceux qui craignaient la foudre.

BARNABÉ (saint)

Barnabé vient de l'hébreu *bar nabas*, fils de prophète. Saint Barnabé (fête le 11 juin), l'un des soixante-douze disciples de Jésus, originaire de Chypre, aida saint Paul à faire éclore le christianisme à Antioche, et prêcha en Asie mineure, en Italie (il aurait été le premier évêque de Milan) avant de retourner à Chypre où il fut martyrisé en 61. Saint Barnabé, patron des fabricants de baquets, était invoqué pour retrouver des objets perdus. En effet, au XIe siècle, saint Barnabé apparut en rêve à l'archevêque de Belley pour lui annoncer où il était enterré. On ouvrit la tombe : le corps du saint se trouvait là !

BASILE (saint)

Basile vient du grec *Basileus*, roi. Saint Basile, docteur de l'Église, né en Cappadoce en 329, est avocat, avant de se retirer dans une communauté où le temps est partagé entre l'étude et le travail de la terre. Évêque de Césarée en 365, il continue, vêtu d'une grossière tunique, à se nourrir de glands et de légumes, servant les malades et prêchant. Il tient tête à l'empereur et rétablit, en dialoguant avec le pape, l'unité entre les Églises de Rome et d'Orient. Il meurt le 2 janvier 379. Le père de saint Basile, autre saint Basile, dit l'Ancien, par opposition à son fils dit le Grand (fête le 30 mai), était invoqué par ceux qui, expulsés, cherchaient un nouveau toit.

Saint Basile (fête le 22 mars) fut martyrisé en Anatolie au IVe siècle ; on lui arracha les dents ; on l'invoqua donc lors des rages de dents. Chaque jour, on lui enlevait sept lanières de peau. Quand il eut toute la chair à vif, on le fit griller.

Saint Basile (fête le 2 janvier), évêque d'Aix-en-Provence au Ve siècle, était invoqué lors de douleurs hémorroïdales.

BAUDOUIN (saint)

Baudouin vient du germanique *bald*, audacieux, et *win*, ami. Saint Baudouin fut un moine flamand disciple de saint Bernard de Clairvaux ; il fonda un monastère cistercien en Belgique, où il mourut en 1205 (fête le 17 octobre). Il était invoqué pour faire face aux créanciers car il prêtait de l'argent aux commerçants et incitait les débiteurs à renégocier leurs dettes.

Benoît (saint)

Benoît vient du latin *benedictus*, béni de Dieu. Saint Benoît (fête le 11 juillet) naît dans l'aristocratie à Nursie en Italie en 480. Il étudie à Rome puis part vivre trois ans dans une grotte. À son retour, on lui propose de diriger un monastère. Mais la règle qu'il impose est si sévère que ses moines tentent de l'empoisonner. Il se rend au Mont Cassin où il fonde les Bénédictins. Il y meurt le 21 mars 547. Ses restes se trouvent dans la crypte de l'église de Saint-Benoît-sur-Loire. Il était invoqué pour faire échec au démon. Il aurait été, une nuit, enfermé par le roi des Goths dans un four à pain et en serait sorti non pas carbonisé, mais frais et dispos ; on l'invoquait contre les brûlures. Il veillait aussi sur les arbres fruitiers lorsqu'au début du printemps, on redoute sur leurs fleurs la brûlure du gel.

Bernadette (sainte)

Bernadette est un dérivé féminin de Bernard. Bernadette Soubirous (Lourdes 1844 - Nevers 1879, fête le 18 février) est une paysanne qui, à 14 ans, voit la Vierge dans la grotte de Lourdes, devenue depuis un haut lieu de pèlerinage. Poursuivie par l'incompréhension générale (y compris par celle du clergé, qui, ensuite, exploitera la grotte miraculeuse), elle entre dans un couvent où, malade, astreinte à des tâches ingrates, elle meurt à 35 ans. Sainte Bernadette, modèle d'humilité, est invoquée, depuis sa canonisation (1933) contre le péché d'orgueil.

Bernard (saint)

Bernard vient du germanique *ber*, l'ours, et *hard*, fort. Bernard de Clairvaux (fête le 20 août) naît près de Dijon en 1090. Moine à Cîteaux, il fonde en 1115 le monastère de Clairvaux. Petit homme maladif, à l'éloquence enflammée, il impose à ses moines comme à lui même une discipline ascétique. Conseiller des rois et des papes, il prêche la seconde croisade et rédige la Règle des Templiers. Il meurt à Clairvaux en 1153. Saint Bernard (qui était insomniaque) était invoqué... pour faire cesser les ronflements !

Saint Bernard de Menthon (fête le 12 mars) évêque mort centenaire en 1109, fondateur de l'hospice de Saint-Bernard, dans les Alpes, était invoqué pour ne pas se perdre dans la neige. C'est le saint patron des alpinistes depuis 1932.

Berthe (sainte)

Berthe vient du germanique *behrt*, renommé. Sainte Berthe, au VIIIe siècle, à la cour des rois mérovingiens, était mariée à un seigneur de l'Artois. Elle fonda, à la mort de ce dernier, un couvent où elle se fit volontairement emmurer vivante ; elle vécut vingt-cinq ans dans cette prison (fête le 4 juillet).

Un autre sainte Berthe (fête le 11 mai) est, au VIIe siècle, une princesse épouse de saint Gombert, guerrier franc devenu évêque. À sa mort, Berthe utilise son héritage pour bâtir des monastères. Furieux de ne rien toucher, ses neveux l'assassinent. Mais leur crime accompli, ils éprouvent de si violents maux de tête que pour y échapper, ils se fracassent le crâne contre un mur. Sainte Berthe était invoquée contre la folie.

Blaise (saint)

Blaise vient du latin *blœsus*, le bègue. Saint Blaise (fête le 3 février), guérisseur devenu évêque à Sébaste (Asie mineure) fut martyrisé en 316 avec des crocs en fer, ce pourquoi il est le patron des cardeurs de laine. Au moment d'être décapité, il demanda à Dieu de guérir tous ceux qui souffraient de la gorge ! Saint Blaise ayant ramené à la vie un enfant qui avait avalé une arête de poisson, il était invoqué lorsqu'on s'étranglait en mangeant. Il était aussi invoqué lors des maladies infantiles.

Boniface (saint)

Boniface vient du latin *bonifacius*, beau visage. Saint Boniface (fête le 19 juin), bénédictin né en Saxe, évangélisa l'Ukraine, la Pologne et la Prusse et fut martyrisé par un roi païen en 1009. On l'invoquait contre les incendies.

Un saint Boniface (fête le 19 février), évêque de Lausanne, mort en 1265 était invoqué contre les rhumatismes. Saint Boniface (fête le 5 juin) baptisa, au IXe siècle, de nombreux Saxons, devint archevêque de Mayence et sacra Pépin le Bref roi des Francs. Il mourut assassiné par des païens alors qu'il célébrait une messe, en 755.

BRIGITTE (sainte)

Brigitte vient du celtique *bright*, force. Sainte Brigitte (fête le 23 juillet), née en Suède (dont elle la patronne) et d'ascendance royale se marie à 14 ans et a huit enfants. À la mort de son mari en 1346, elle fonde l'Ordre du Saint-Sauveur. Elle meurt en 1373 à Rome. Sainte Brigitte, qui de son vivant fut visionnaire, était invoquée pour connaître à l'avance la date de sa mort.

Autre sainte Brigitte (fête le 1er février), une jeune Irlandaise fondatrice, au VIe siècle, du premier monastère féminin sur son île, dont elle est la patronne, ainsi que celle des laitiers. Elle était invoquée pour la protection du bétail.

BRUNO (saint)

Au Moyen Âge, Bruno était un surnom pour désigner un homme brun. Né à Cologne, saint Bruno (fête le 6 octobre) étudie à Reims. Grammairien et théologien, il enseigne pendant une vingtaine d'années. Il quitte Reims après avoir dénoncé la vie dissolue de l'archevêque et devient ermite dans la région de l'Aude. Puis il part pour le Dauphiné où, dans l'austère et impressionnant massif de la Chartreuse, au-dessus de Grenoble, il fonde l'Ordre des Chartreux. Appelé auprès du pape Urbain II comme conseiller, il crée un couvent en Calabre et il y meurt en 1101. Saint Bruno était invoqué contre la peste.

Obsèques de saint Césaire (miniature du IXe siècle). – PAGE 40

Camille (sainte)

Camille vient du latin *cum ille*, celui qui est avec l'Illustre, nom attribué à Rome à l'assistant d'un prêtre païen. Saint Camille de Lellis (1550-1614), né en Italie, est mercenaire pour les Espagnols. Blessé à la jambe en 1575, il est soigné par des capucins. Guéri, il se fait moine et fonde un ordre (en France, les Frères du bien-mourir), avec pour emblème la croix rouge. Selon une autre version, ce soldat est si indiscipliné que les Espagnols le chassent. Il devient ânier chez les capucins qui le convertissent. Devant l'état d'abandon des malades, il décide en 1582 de fonder son Ordre, appelé aussi les Serviteurs des Infirmes. Saint Camille (fête le 14 juillet) est le patron des hôpitaux et du personnel infirmier. Il était invoqué par les boiteux.

Casimir (saint)

Casimir vient du slave *kas*, l'assemblée, et *mir*, la paix. Second des treize enfants de Casimir IV, roi de Pologne, et d'Élisabeth d'Autriche, né le 5 octobre 1458, saint Casimir, s'étant voué à la Vierge (à laquelle il voua aussi la Pologne), essaya de concilier ascétisme religieux et métier de prince. Il avait transformé son palais en église, et refusait de prendre les armes contre les ennemis du royaume. Il mourut d'une maladie de poitrine le 4 mars 1483 à Vilna, âgé de 25 ans.

Saint Casimir (fête le 4 mars) était invoqué par les jeunes gens qui voulaient rester purs lorsque des femmes leur faisaient des avances. Mort de tuberculose, il était aussi invoqué par ceux qui souffraient de cette maladie qu'on ne savait pas soigner.

CATHERINE (sainte)

Catherine vient du grec *Aïcatharina*, toujours pure. Sainte Catherine d'Alexandrie (fête le 25 novembre), née à la fin du IIIe siècle, dans une famille noble, voulut plaider la cause des chrétiens devant l'empereur Maximin. Trouvant la jeune fille à son goût, il lui proposa de répudier l'impératrice et de l'épouser. Furieux de son refus, il la fit flageller avec des lanières plombées, jeter pendant onze jours dans un cachot, avant que deux roues armées de pointes de fer, tournant en sens inverse, la déchiquettent. Elle était la patronne des jeunes filles vierges.

Sainte Catherine de Sienne (fête le 29 avril) née en 1347 dans la bourgeoisie toscane, entre dans les Ordres à 15 ans. S'interdisant viande et pain, couvrant ses reins de fer barbelé, ne sortant de l'église que pour faire la charité et guérir les malades, elle travaille à faire revenir les papes (alors en Avignon) à Rome. Sujette à des extases, pendant lesquelles elle dicte son *Dialogue de la divine Providence*, elle meurt à 33 ans, le 29 avril 1380.

Sainte Catherine de Suède (fête le 24 mars) princesse, fille de sainte Brigitte, épousa un invalide avec lequel elle vécut chastement. Veuve à 19 ans, elle devint l'abbesse d'un couvent où elle mourut à 50 ans, le 24 mars 1381. Elle était invoquée par les femmes qui craignaient de ne pouvoir mener une grossesse à terme, mais aussi par les jeunes filles chastes auxquelles on tenait des propos impudiques. Encore bébé, elle avait la faculté de deviner si ses nourrices avaient une vie chaste ; dans le cas contraire, elle refusait le sein offert !

Sainte Catherine Labouré, eut, le 25 novembre 1830, jour anniversaire de sainte Catherine d'Alexandrie, une vision au cours de laquelle la Vierge lui apparut à Paris, rue du Bac.

CÉCILE (sainte)

Cécile vient du latin *ceacus*, aveugle. Sainte Cécile, chrétienne à Rome au IIe siècle convertit saint Valérien, son époux, le soir de leurs noces. Dénoncée, elle fut suppliciée après lui. On tenta de la noyer dans la salle de bains de son palais, puis on lui trancha la tête. Sainte Cécile (fête le 22 novembre) est, depuis le XVe siècle, représentée avec un instrument de musique, généralement un orgue ; elle personnifie la musique sacrée, raison pour laquelle orchestres, fanfares ou chorales portent son nom.

Céline (sainte)

Céline vient du grec *séléné*, la lune, ou serait le diminutif de Marcelline. Sainte Céline, née à Meaux (dont elle est la patronne, fête le 21 octobre) au Ve siècle, choisit la vie monastique à Nanterre, après avoir rencontré sainte Geneviève de Paris. Son fiancé étant parti à sa poursuite, elle trouva refuge dans une église dont les portes se refermèrent miraculeusement sur elle. Elle était invoquée contre les maladies de poitrine.

Césaire (saint)

Césaire est un dérivé de César. Saint Césaire (fête le 26 août), fils d'un comte bourguignon au Ve siècle, fut moine et évêque d'Arles. Il s'opposa aux rois Goths qui dominaient la Provence, et racheta des prisonniers gaulois en faisant fondre des vases sacrés. Représentant du pape en Gaule et en Espagne, ce théologien mourut à Arles le 26 août 542.

Saint Césaire (fête le 25 février), médecin de l'empereur Julien l'Apostat, soignait gratuitement les pauvres à Byzance, où il fut martyrisé au IVe siècle. Patron des médecins, il était invoqué contre le rhume, et contre les tremblements de terre car un séisme provoqua sa conversion.

Saint Césaire (fête le 1er novembre), évêque de Clermont-Ferrand au VIIe siècle, était invoqué contre les éboulements.

CHRISTIAN (saint)

Christian vient du latin *cristianus*, chrétien. Cuisinier dans un monastère en Pologne (d'autres disent abbé...) saint Christian y fut égorgé dans la nuit du 11 novembre 1003 par des pillards qui cherchaient un trésor. Patron des cuisiniers, il était invoqué contre l'apoplexie (fête le 12 novembre).

Saint Christian (fête le 7 avril), ecclésiastique de Douai, était invoqué par les femmes qui voulaient reprendre une activité après leur accouchement.

CHRISTINE (sainte)

Christine vient du latin *cristianus*, chrétien. Christine, fille du préfet de Toscane au IVe siècle, s'étant, à 10 ans, convertie au christianisme, brisa les idoles et distribua l'argent familial aux pauvres. Son père la livra aux bourreaux avant de se tuer. Le nouveau préfet, son successeur, ayant fait traîner l'enfant devant la statue d'une idole, fut écrasé par cette statue. Le troisième préfet, enfin, fit attacher Christine à un poteau et la fit mettre à mort. Sainte Christine (fête le 24 juillet) était invoquée pour raffermir les seins !

Sainte Christine dite l'Admirable, religieuse belge qui, au XIIIe siècle, mourut à 20 ans, ressuscita pendant sa messe de Requiem et s'envola sous les voûtes de l'église. Elle raconta qu'elle venait de visiter enfer et purgatoire, et mourut définitivement plus tard, après avoir, dans son couvent, accompli des prodiges comme voler dans les arbres, marcher sur des braises ou rester dans de l'eau glacée.

Saint Éloi sauve de l'incendie une église par imposition des mains (parchemin du XIIe siècle). – PAGE 51

Christophe (saint)

Christophe vient du grec *Christos*, et *foros*, celui qui porte le Christ. Saint Christophe aurait vécu en Asie au IIIe siècle. Garde du corps de l'empereur, il quitte son service pour se mettre à celui du Diable, puisque l'empereur tremble devant lui. Mais quand il voit que le Diable tremble devant Dieu, il se convertit. Il s'installe au bord d'un torrent où, grâce à sa stature de géant, il se fait passeur, taxant les riches et exonérant les pauvres. Une nuit, un enfant lui demande son aide pour traverser. Christophe, au milieu du torrent, sent ses forces l'abandonner. Il réussit toutefois à gagner l'autre rive. Celui qu'il porte sur ses épaules se révèle être le Christ, qui lui annonce qu'il entrera au Royaume des Cieux après son martyre… Parti prêcher les Évangiles, Christophe est torturé et décapité… Saint Christophe (fête le 25 juillet) était invoqué contre les accidents en voyage. Il a été écarté du calendrier en 1970, car sa légende n'a aucune base réelle, mais son culte continue chez les automobilistes.

Claire (sainte)

Claire vient du latin *clara*, clair. Née à Assise, en Italie, en 1193, sainte Claire rencontre saint François, s'enfuit du palais paternel et fonde en 1212 l'Ordre des Clarisses (dit aussi l'Ordre des Pauvres Dames) destiné à aider les pauvres et à prier Dieu dans la plus grande simplicité. Elle meurt au sein de sa communauté le 11 août 1253. Sainte Claire (fête le 11 août) était invoquée pour avoir une belle chevelure à condition, comme elle, de ne pas manger de viande les lundis, mercredis et vendredis. Elle était aussi invoquée pour avoir l'ouïe fine : elle-même, malade une nuit de Noël, entendit une messe chantée à des kilomètres de son lit. Enfin, elle pouvait améliorer la vue, raison pour laquelle elle est la patronne des brodeuses : elle pleurait souvent, jusqu'à ce qu'elle réalise que c'était un piège du diable pour lui brouiller la vue !

CLÉMENT (saint)

Clément vient du latin *clementis*, généreux. Saint Clément, désigné par saint Pierre pour lui succéder à Rome, troisième pape de 88 à 99, aurait été martyrisé par l'empereur : envoyé aux travaux forcés dans des carrières de pierre, il aurait été, en 101, jeté à la mer, lesté d'une ancre. Saint Clément (fête le 23 novembre), patron des chapeliers et des bateliers, était invoqué contre les feux de cheminée.

CLOTILDE (sainte)

Clotilde vient du germanique *hlod*, gloire, et *hilde*, combat. Sainte Clotilde (474-545) fit baptiser à Reims par saint Rémi son époux Clovis (qui avait juré de se convertir s'il remportait la bataille de Tolbiac). On invoquait sainte Clotilde (fête le 4 juin) pour guérir les enfants malades.

COLOMBE (sainte)

Colombe vient du latin *colomba*, la colombe. Au IIIe siècle, Colombe, une jeune fille venue d'Espagne, se fait baptiser à Vienne et gagne Sens où elle est dénoncée comme chrétienne. Ayant refusé d'abjurer, elle est fouettée, puis déchirée avec des peignes de fer, puis conduite hors de la ville pour avoir la tête tranchée, le 31 décembre 274. Sainte Colombe, exemplaire lors de son martyre, était invoquée pour donner du courage aux agonisants (fête le 31 décembre).

CÔME (saint)

Côme vient du grec *cosmos*, l'univers. Au IIIe siècle, en Cilicie (Syrie) saint Côme et son frère (ou compagnon) saint Damien, soignaient gratuitement les pauvres, parce que chrétiens, donc charitables. Dénoncés, peut-être par des confrères jaloux de leur clientèle, ils furent martyrisés, et montrèrent une telle sérénité dans la souffrance que le juge les crut magiciens ; ils finirent par avoir la tête tranchée. Leur culte se répandit en Orient au Ve siècle. Saint Côme (fête le 26 septembre), patron des médecins, barbiers et brocanteurs, était invoqué contre l'eczéma et les maladies de peau.

CONRAD (saint)

Conrad vient du germanique *kon*, audacieux, et *ragin*, conseil. Saint Conrad, au Xe siècle, était un riche propriétaire en Helvétie. Touché par la grâce, il distribua ses biens aux pauvres, fit trois fois le pèlerinage en Terre sainte en mendiant, et fut évêque de Constance (fête le 26 novembre). Il était invoqué pour guérir des calculs urinaires !

CORNEILLE (saint)

Corneille vient du latin *cornix*, nom d'une famille romaine. Saint Corneille, Romain, fut pape de 251 à 253, et exilé par l'empereur Gallus, qui pour apaiser ses dieux à la suite d'une épidémie de peste, s'en prit aux chrétiens. Il était réputé pour protéger le bétail de la maladie, et pour aider les paralytiques à marcher (fête le 16 septembre).

Saint Corneille (fête 2 février), centurion de l'armée romaine à Jérusalem, fut le premier païen converti par saint Pierre.

CYPRIEN (saint)

Cyprien vient du latin *cyprius*, celui qui vient de Chypre. Saint Cyprien (fête le 16 septembre) évêque de Carthage au IIIe siècle, père de l'Église, fut décapité en 258 malgré les protestations des Carthaginois, reconnaissants de son dévouement pendant une épidémie de peste.

Saint Cyprien (fête le 7 octobre) était un magicien de Damas qui, au IVe siècle, jeta un sort à sainte Justine pour qu'elle accepte l'amour d'un jeune homme, mais ce fut elle qui convertit le magicien. Ils furent décapités ensemble.

Saint Cyprien (fête le 11 juillet) natif de la Bresse à la fin du Ve siècle, eut la tête tranchée par les Wisigoths du Poitou qu'il voulait évangéliser.

Seul saint Cyprien à ne pas avoir été décapité, un évêque de Toulon, au VIe siècle, était invoqué pour guérir les panaris (fête le 3 octobre).

CYRILLE (saint)

Cyrille vient du grec *kurios*, celui qui est consacré à Dieu. Saint Cyrille (fête le 14 février) était moine en Grèce au IXe siècle. Il fut envoyé évangéliser la Hongrie, avec son frère saint Méthode. Comme il connaissait le slave, il traduisit les évangiles en inventant l'alphabet cyrillique, toujours en usage en Russie. Il mourut à Rome le 14 février 869. Il était invoqué pour lutter contre les tempêtes.

Saint Cyrille (fête le 18 mars), évêque de Jérusalem de 349 à 386, réforma le baptême.

Saint Cyrille d'Alexandrie (fête le 28 juin) fut le patriarche de sa ville au IVe siècle, et lutta contre les hérésies de Nestorius.

Saint Cyrille (fête le 29 mars), prêtre en Égypte eut en 362 le ventre ouvert par des païens qui lui arrachèrent le foie pour le manger ! Il était invoqué contre les maladies de foie.

Un saint Cyrille (fête le 28 octobre) fut en 256 mis à mort pour avoir donné de l'eau à sainte Anastasie pendant son agonie. Il était invoqué par ceux qui avaient soif.

DANIEL (saint)

Daniel vient d'un mot hébreu signifiant *juste comme l'est Dieu*. Daniel le Stylite, ermite en Turquie au Ve siècle, passa trente-trois ans juché sur une colonne. Ses disciples, et jusqu'aux empereurs, venaient l'écouter au pied de la colonne sur laquelle il mourut à un âge avancé. À noter que Daniel, le prophète qui fut jeté par le roi de Babylone dans la fosse aux lions mais, protégé de Dieu, en sortit indemne, n'est pas reconnu comme saint. Daniel le Stylite (fête le 11 décembre) était invoqué par les femmes qui craignaient de succomber à l'adultère.

DELPHINE (sainte)

Delphine vient du latin *delphinus*, le dauphin. Sainte Delphine, née en 1283 dans une famille noble de Provence, épousa, à 15 ans, Élzéar de Sabran, qui en avait 13. Ils se firent la promesse de se consacrer à Dieu. Veuve à 40 ans de saint Élzéar, Delphine donna ses biens aux pauvres et passa à Apt les dernières années de sa vie couchant sur la paille et mendiant son pain, en silence. Elle mourut le 26 novembre 1360. Sainte Delphine (fête le 26 novembre) était invoquée pour soulager la misère.

DENIS (saint)

Denis vient du grec *Dionysos*, dieu de la vigne. Denis l'Aréopagite, juge suprême d'Athènes, fut converti par saint Paul et devint le premier évêque d'Athènes. Il était invoqué contre la rage.

Saint Denis, missionnaire envoyé au IIIe siècle pour évangéliser la Gaule, fut le premier évêque de Paris. Martyrisé à Montmartre, décapité, il prit sa tête entre ses mains et se mit à marcher. À l'endroit où il tomba a été bâtie la basilique qui porte son nom, tombeau des rois de France. Il était invoqué (fête le 9 octobre) contre les migraines.

DENISE (sainte)

Denise est le féminin de Denis. Sainte Denise, une veuve chrétienne, fut décapitée au Ve siècle en Tunisie avec son fils et 5 000 autres chrétiens pour avoir refusé de se convertir à la religion du roi des Vandales.

Sainte Denise (fête le 15 mai) était invoquée en cas de règles douloureuses. Cette jeune vierge des Dardanelles, au IIIe siècle, assistant au supplice de chrétiens, les encouragea à ne pas renier leur foi. Arrêtée sur le champ, elle fut conduite dans une maison de passe où, miraculeusement, pas un homme ne la toucha. Elle s'en échappa pour rejoindre des chrétiens et avoir la tête tranchée comme eux.

DÉSIRÉ (saint)

Désiré vient du latin *desiteratus*, désiré. Saint Désiré fut désigné évêque de Besançon au Vᵉ siècle, après que son prédécesseur, saint Antide, eut été massacré. Saint Désiré (fête le 23 mai) était invoqué pour lutter contre l'insomnie : ses prêches étaient si longs que ses fidèles s'endormaient…

DIEGO (saint)

Saint Diego (1400-1463), moine-prêcheur aux Canaries (fête le 12 novembre) était invoqué contre les ulcères à l'estomac.

DONALD (saint)

Donald vient d'un mot celte désignant le roi. Saint Donald, au VIIᵉ siècle, seigneur écossais, eut neuf filles qui refusèrent de se marier, pour se consacrer à Dieu. Donald transforma son château en couvent, et en devint l'abbé. On l'invoquait (fête le 15 juillet) lors des crises de nerfs.

EDMOND (saint)

Edmond vient du saxon *ed*, richesse, et *mund*, protection. Saint Edmond (fête 20 novembre) roi (à

6 ans !) de l'Est de l'Angleterre au IXe siècle, décapité à 21 ans par les Danois. Sa tête, jetée aux loups, fut retrouvée intacte dans une tanière.

Saint Edmond (fête 28 août), prêtre de Douai envoyé en 1628 en Angleterre anglicane comme missionnaire catholique y fut écartelé. Le premier saint Edmond passait pour préserver des loups, le second pour protéger des blessures aux mains.

ÉDOUARD (saint)

Édouard vient du saxon *ed*, richesse, et *warden*, gardien. Saint Édouard (fête 18 mars) fils de Saint Edgar le Pacifiste, et frère de sainte Édith, fut assassiné par sa belle mère.

Saint Édouard le Confesseur (fête le 5 janvier) fut le dernier roi d'Angleterre avant sa conquête par Guillaume le Conquérant en 1066. Le premier saint Édouard était invoqué pour venir en aide aux enfants martyrs, le second pour aider les jeunes gens à rester chastes. Il guérissait aussi des écrouelles.

ÉLOI (saint)

Éloi vient du latin *eligus*, l'élu. Éloi, né à Limoges, orfèvre à Paris, devient le confident et le trésorier du roi Dagobert. Ordonné prêtre, élu évêque de Noyon, il évangélise la Flandre. Il meurt le 1er décembre 660, jour de sa fête. Saint Éloi, patron des orfèvres, mais aussi des charretiers et des

Saint Étienne (de Jérusalem) portant les pierres avec lesquelles il fut lapidé (dessin du XVIe siècle).

muletiers, était invoqué pour guérir une fracture due à un coup de pied de cheval. Le jour de sa fête, on faisait bénir du pain que l'on donnait ensuite à son cheval ou à sa mule, s'ils étaient malades.

ÉRIC (saint)

Éric vient du germanique *rick*, le puissant. Saint Éric IX, roi de Suède en 1156, permet à l'église de s'implanter et veut convertir les Finlandais, mais est assassiné en 1161 par un Danois usurpateur, dans l'église d'Upsal. Il était invoqué par les moribonds voulant se repentir (fête le 18 mai).

ESTELLE (sainte)

Estelle vient du latin *stella*, l'étoile. Sainte Estelle, de Saintes, fille d'un fonctionnaire romain, se fit chrétienne. Son père, furieux, l'abandonna au bourreau en 122 en même temps que saint Eutrope, premier évêque de la ville, qui l'avait convertie (fête le 11 mai). Elle était invoquée par les filles à marier.

ÉTIENNE (saint)

Étienne, contraction de Stéphane, vient d'un mot grec signifiant celui qui est couronné.

Saint Étienne (fête le 26 décembre), disciple de Jésus fut le premier martyr chrétien à Jérusalem. Il fut lapidé par la foule en 35, après un débat théologique. Parmi ceux qui lui jetaient des pierres, il y avait Saül, qui deviendra saint Paul. Saint Étienne, patron des fondeurs et des tailleurs de pierre, était invoqué contre les pertes de mémoire.

Saint Étienne Ier, pape (fête le 2 août), mort en 257 était invoqué par ceux qui avaient des problèmes avec leurs supérieurs hiérarchiques.

Saint Étienne, ermite italien du XIIe siècle (fête le 19 juillet), était invoqué pour se protéger des loups, car il avait su leur parler et vivre parmi eux.

EUGÉNIE (sainte)

Eugénie vient du grec *eugenios*, bien né. Sainte Eugénie, fille du gouverneur d'Alexandrie, au IIIe siècle, sous le prénom d'Eugène, entra dans un monastère dont elle devint l'abbé. Une femme, qui en était amoureuse, dépitée de se voir repoussée, l'accusa de viol. Eugénie n'eut aucun mal à démontrer sa bonne foi. Son père, la croyant morte, en conclut au miracle, et se convertit. Mais père et fille n'eurent pas le temps de fêter leurs retrouvailles : le couvent fut envahi par la foule qui les massacra tous. Sainte Eugénie (fête le 7 février) était invoquée contre les perversions sexuelles, et… le hoquet !

EULALIE (sainte)

Eulalie vient du grec *eulalia*, le chant. Sainte Eulalie, née à Barcelone au IVe siècle, se rend, à l'insu de ses parents, au tribunal où l'on juge des chrétiens et crie son indignation. Elle est condamnée au bûcher, après avoir été fouettée, plongée dans de la chaux vive puis dans de l'huile bouillante. Elle n'a pas 12 ans ! Patronne des marins, on l'invoquait contre la dysenterie (fête le 10 décembre).

Eusèbe (saint)

Saint Eusèbe de Verceil, né en Sardaigne au IVe siècle, évêque dans le Piémont, fut exilé par l'empereur à la suite d'une querelle religieuse. Il parcourut la Cappadoce en prêchant contre les hérésies. Revenu en Italie, il y mourut en 371. Il était invoqué contre les démons (fête le 15 décembre).

Saint Eusèbe de Samosate, en Syrie (fête le 21 juin), évêque au IVe siècle, tué par un hérétique à coups de tuile était invoqué contre les chocs.

Saint Eusèbe, moine irlandais du IXe siècle (fête 31 janvier), fut tué en Suisse par un usurier et était invoqué pour ne pas payer l'impôt.

Eustache (saint)

Eustache vient d'un mot grec signifiant le bel épi. Saint Eustache, officier romain, fut martyrisé au IIe siècle parce que chrétien. Après avoir été livré aux lions, qui ne voulurent pas de lui, il fut avec sa famille enfermé dans un taureau d'airain sous lequel on alluma un feu… Il se serait converti après avoir vu apparaître une croix de lumière entre les bois d'un cerf qu'il allait abattre. Saint Eustache (fête le 20 septembre), patron des chasseurs et des marchands de chaussettes était invoqué contre les accidents de chasse (un eustache désignait un couteau de chasse).

Saint Eustache (fête le 29 mars), au VIIe siècle, était abbé à Luxeuil, où il guérit deux saintes de leur cécité. Il était invoqué contre la myopie.

Saint Eustache (fête le 7 septembre), abbé en Picardie au XIIIe siècle, était invoqué par ceux que leurs patrons faisaient travailler le dimanche.

Funérailles d'Édouard le Confesseur, roi d'Angleterre (tapisserie de Bayeux, XIIe siècle). – PAGE 51

EXPÉDIT (saint)

Saint Expédit, de son vrai nom Elpidius, aurait subi le martyre à Mélitène, en Asie mineure, au IVe siècle, avec d'autres chrétiens. C'est l'erreur d'un copiste médiéval qui transforma son nom d'Elpidius en Expeditus. Les chrétiens allemands, au XVIIe siècle, en firent le patron des causes urgentes et désespérées. Ils le représentèrent écrasant, de son talon, un corbeau, symbole de la durée et du deuil (fête le 19 avril). On l'invoquait en cas d'urgence, quelles que soient les circonstances : procès, maladie soudaine, perte de mémoire lors d'un examen…

FABIENNE / FABIOLA (sainte)

Fabienne et Fabiola sont des dérivés féminins de Fabien. Sainte Fabiola (morte en 399), épouse d'un Romain débauché, en divorça puis, veuve vertueuse, transforma son palais en lieu d'accueil pour les prostituées repenties. Sainte Fabiola (fête le 27 décembre) était invoquée afin que les fêtes ne dégénèrent pas en orgies.

FÉLIX (saint)

Félix vient du latin *félix*, la félicité. Les saints Félix, parmi lesquels trois papes, sont nombreux.

Le saint Félix fêté le 12 février est Félix d'Abitène, en Tunisie, supplicié au IIIe siècle pour avoir assisté à une messe.

Saint Félix (fête le 18 mai), moine capucin italien au XVIe siècle, était le protecteur des chiens et des chats. Il était invoqué pour avoir une voix forte. Car, lorsqu'il quêtait, il remerciait si fort les gens qui ne donnaient rien que ceux-ci devenaient, à leur grande honte, la cible des regards.

Saint Félix (fête le 23 mars), moine bénédictin mort en l'an 1 000 était invoqué par ceux qui voulaient être couchés sur le testament d'un mourant sans héritier. Mais il fallait promettre de donner la majeure partie du legs aux œuvres charitables !

Saint Félix (fête 23 avril), évangélisateur du Poitou au IIe siècle, après avoir eux les membres brisés, fut suspendu dans une cheminée où il périt étouffé. Il était invoqué contre l'asphyxie.

Saint Félix (fête le 7 juillet), évêque de Nantes au IXe siècle, réduisait les fractures par imposition des mains ; on l'invoquait en cas de bras ou de jambe cassés.

Saint Félix (fête 12 octobre), évêque en Afrique au Ve siècle, dut, avec 5 000 chrétiens, marcher jusqu'à la mort dans le désert. Pour les faire avancer, les soldats les fouettaient avec des ronces. On l'invoquait contre les piqûres d'épines.

Saint Félix (fête 23 février), évêque de Brescia au VIIe siècle, était invoqué contre les règles tardives.

Saint Félix (fête le 30 mai), pape de 269 à 273, confirma l'usage des messes dans les Catacombes (qui servaient aussi de cimetière) et fut martyrisé pour avoir baptisé des catéchumènes et opéré des conversions malgré les interdits officiels.

Saint Félix de Valois (fête le 20 novembre), cousin du roi Louis VII au XIIe siècle, ermite dans les forêts de l'Aisne, et fondateur d'un ordre religieux… n'a jamais existé ! Ce sont des moines Mathurins qui, au XVIIe siècle, voulant donner à leur ordre un fondateur de sang royal, inventèrent la légende. Ce qui n'a pas empêché ce saint imaginaire d'être fêté jusqu'à ce que le pape le retire du calendrier en 1970. On l'invoquait pour mieux faire passer une potion amère.

FIACRE (saint)

Dans les premiers siècles, les ermites et les moines s'implantaient au fond des forêts, défrichant des lieux qui devenaient villages. Saint Fiacre, patron des jardiniers, fut l'un d'eux. Bien que certains historiens fassent de lui le fils du roi d'Écosse, il est plus probable qu'il était Irlandais, et qu'il passa en Gaule à la suite du grand mouvement religieux qui, à la fin du VIe siècle, entraîna ses compatriotes vers le continent. Dans la région de Meaux, il cultivait des légumes pour les pèlerins indigents. Selon la légende, l'évêque lui octroya l'espace de terre qu'il pourrait entourer d'un fossé en une journée de travail : après avoir fait sa prière, l'ermite laissa traîner sur le sol le bâton qu'il tenait à la main, et, derrière lui, le sol se creusa et les arbres déracinés tombèrent. Fiacre bâtit un oratoire et un hospice destiné aux étrangers et aux malades. Il mourut vers 670. Parmi les plantes qu'il faisait pousser dans son jardin, il y en avait qui avaient la propriété de calmer les hémorroïdes et ceux qui en souffraient venaient boire des décoctions dans son hospice (fête le 30 août). Patron des bonnetiers, emballeurs, fleuristes et jardiniers, il devint patron des cochers et chauffeurs de taxi parce les voitures de louage étaient stationnées dans une maison avec une enseigne à son nom (d'où le nom de fiacre).

FLORA (sainte)

Flora vient du latin *flor*, la fleur. Sainte Flora, chrétienne de Courdoue, fut décapitée en 856 par les Arabes qui occupaient la ville car, pour porter secours à quelqu'un, elle était sortie dans la rue tête nue. Sainte Flora (fête le 24 novembre) était invoquée contre la chute des cheveux.

FLORENT (saint)

Florent vient du latin *florens*, florissant. Saint Florent (fête le 4 juillet) aurait été, au Ve siècle, le premier évêque de Cahors.

Saint Florent (fête le 22 septembre) tribun dans la légion en Bavière, avec son frère Florian, aurait été, au Ve siècle, après avoir fui les persécutions et s'être réfugié en Gaule, l'évangélisateur du Poitou. Il était invoqué pour protéger les arbres fruitiers des insectes.

Saint Florent (fête 7 novembre), moine irlandais au VIIe siècle, et évêque de Strasbourg, était invoqué contre les crises de coliques néphrétiques.

FRANÇOIS (saint)

François signifie de France ; au Moyen Âge, les gens du sud désignaient ainsi ceux du nord. France venant de Franc, l'homme libre en germanique. Saint François d'Assise (fête le 4 octobre) fils d'un riche drapier, fut soldat avant de vivre à la grâce de Dieu à travers champs et forêts, parmi les animaux qu'il appelait ses frères. Il fonda l'ordre des Franciscains, à l'idéal de pauvreté et de simplicité, et mourut le 3 octobre 1226, nu sur le sol, chantant en attendant la mort.

Saint François de Sales (fête le 24 janvier), fils d'un marquis savoyard, se fit prêtre pour convertir les calvinistes des Alpes avant de fonder l'ordre des Visitandines. Il mourut à Lyon en 1622.

Saint François d'Assise protégeait les oiseaux, devant lesquels il répétait ses sermons. Il était aussi invoqué (comme saint François de Paule, fondateur de l'ordre des Minimes au XVIe siècle) par les femmes stériles.

Françoise (sainte)

Françoise est un dérivé de François. Sainte Françoise, riche Romaine, est mariée à 12 ans, malgré son désir de devenir religieuse. Elle a deux enfants qui meurent en bas âge. Son mari ayant été exilé, elle reste seule et s'adonne à la charité. Veuve en 1436, elle se retire chez les Oblates de saint Benoît, congrégation de laïques qu'elle a fondée en 1425 et en devient l'abbesse. Elle meurt à Rome le 9 mars 1440. Sainte Françoise la Romaine, qui jamais ne se disputa avec son époux (fête le 9 mars), était invoquée pour échapper à la tentation de l'adultère et contre les belles-mères encombrantes…

Frédéric (saint)

Frédéric vient du germanique *frid,* la paix, et *rick*, le puissant. Saint Frédéric, évêque d'Utrecht au IXe siècle, fut assassiné en sa cathédrale sur l'ordre de l'impératrice Judith, à laquelle il reprochait ses débauches. Avant de périr sous les coups de seigneurs dont il avait dénoncé les pratiques incestueuses, il leur pardonna et leur précisa même comment s'enfuir. Saint Frédéric (fête le 18 juillet) était invoqué par les enfants victimes d'inceste.

Gabriel (saint)

Gabriel vient du mot hébreu *gabar* signifiant Dieu est ma force. L'archange Gabriel, messager de

Dieu, annonce à Marie la naissance de Jésus, et à Élisabeth celle de Jean-Baptiste. Gardien des portes des églises, il est honoré depuis le Xe siècle. Gabriel, intercesseur auprès du Seigneur, était invoqué par les femmes qui voulaient un enfant. Depuis Pie XII, il est le protecteur des professionnels de la communication, des employés des postes aux animatrices de la télévision…

GASPARD (saint)

Gaspard vient d'un mot sanscrit qui signifie le voyant. Saint Gaspard fut, au XVIe siècle, un moine à Valence (Espagne). Un autre saint Gaspard, d'origine italienne, fut missionnaire au XIXe siècle, et mourut lors d'une évangélisation. Saint Gaspard (fête le 14 juillet) était invoqué lorsqu'on était tombé dans un précipice pour qu'il envoie des secours. Gaspard est l'un des trois rois mages (celui qui apporte l'encens) venu saluer la naissance du Christ à Bethléem.

GASTON (saint)

Gaston vient du germanique *vast*, l'hôte. Saint Gaston (dit aussi saint Vaast) fut évêque d'Arras sous Clovis, qu'il conseilla et évangélisa. Saint Gaston (fête le 6 février), patron des marchands de chapeaux, était invoqué contre les aphtes et les migraines.

Saint François d'Assise parlant aux oiseaux (miniature du XIIIe siècle). – PAGE 61

GAUTIER (saint)

Saint Gautier fut abbé de Saint-Martin de Pontoise. Las de sa fonction, il s'enfuit de son abbaye et se réfugia à Cluny sous un faux nom. Mais il fut reconnu et dut revenir. Il s'enfuit une seconde fois pour vivre en ermite sur une île de la Loire. Mais ses moines, une fois encore, le récupérèrent. Il demanda au pape de le décharger de sa fonction, mais le pape refusa, et saint Gautier mourut dans son monastère le 9 avril 1099. Saint Gautier (fête le 9 avril) était invoqué contre les psychoses maniaques.

GENEVIÈVE (sainte)

Geneviève vient et du latin *géna*, la race, et du germanique *wefo*, femme. Sainte Geneviève, née à Nanterre en 422, religieuse à 15 ans (ou héritière ou veuve d'un riche propriétaire, bien que sa légende dorée la prétende bergère), organisa la défense de Paris contre les hordes d'Attila en incitant ses habitants à prier et en interdisant aux hommes de fuir. Elle mourut en 500. Sainte Geneviève (fête le 3 janvier), patronne des bergères, de la police et de la ville de Paris, était invoquée pour améliorer la vue, expulser les démons du corps des femmes impudiques et pour trouver de quoi manger. Lors des épidémies ou des sièges, on promenait ses reliques à travers la ville pour apaiser le courroux céleste.

Georges (saint)

Georges vient de deux mots grecs, *gé*, la terre, et *ergon*, travailler; étymologiquement, c'est un laboureur grec. Saint Georges aurait été au IVe siècle persécuté en Palestine. C'est lors des croisades que l'on en fit une légende: prince de Cappadoce, il aurait anéanti un dragon qui dévorait brebis et jeunes filles. Arrêté par les Romains, il aurait subi sept ans de martyr, et ressuscité trois fois (fête le 23 avril)... Il est le patron de l'Angleterre, du Portugal, de l'Irlande, et protecteur des chevaliers et des scouts. Il était invoqué contre les maladies de peau.

Gérald (saint)

Gérald vient du germanique *gari*, la lance, et *waldo*, gouverner. Saint Gérald (fête le 5 décembre), originaire du Quercy, est moine à Moissac quand l'archevêque de Tolède lui demande de le suivre en Espagne, où il participe à la christianisation du sud de la péninsule. Il meurt le 5 décembre 1109 à Bornos, au Portugal, dans l'église qu'il avait faite construire, alors qu'il était en train de la consacrer.

Saint Gérald (fête le 5 avril) né dans la Somme en 1025, moine à l'abbaye de Corbie et souffrant de perpétuelles migraines fonda, à la fin de sa vie, le monastère de la Grande Sauve, entre Dordogne et Garonne, où il mourut, le 5 avril 1095. Il était invoqué contre les migraines.

GÉRARD (saint)

Gérard vient du germanique *gari*, la lance, et *hard*, dur. Saint Gérard de Brogne, fils d'un seigneur de Namur, est soldat dans les armées de Charles le Simple avant de se faire bénédictin. Il dirige l'abbaye de Saint Denis puis fonde une abbaye sur le domaine familial, où il meurt le 3 octobre 959, jour de sa fête. Il était invoqué contre la fièvre.

Saint Gérard de Lunel (fête le 24 mai), né en 1275 part en Palestine comme pèlerin, où il meurt en 1298, s'étant piqué avec une plante vénéneuse. Il était invoqué contre les piqûres.

GERMAIN (saint)

Germain vient du germanique *gari*, la lance, et *man*, l'homme. Les Gallo-romains désignaient ainsi les barbares d'outre-Rhin. Germain vient aussi du latin *unus*, unique, et *germa*, sang, d'où l'expression cousin germain. Saint Germain, abbé à Autun (fête le 28 mai), fut déposé par ses moines à cause de son intransigeance. Évêque de Paris, il guérit miraculeusement le roi Childebert à condition qu'il renonce à sa vie licencieuse. Le roi lui fit bâtir l'abbaye de Saint-Germain-des-Prés. Il y mourut le 28 mai 576. Il était invoqué par les prisonniers qui aspiraient à une libération anticipée.

Saint Germain l'Auxerrois, né vers 380, fut gouverneur de province avant d'être évêque d'Auxerre. Il mourut à Ravenne le 31 juillet 446, où il s'était rendu pour plaider la cause des Bretons révoltés. Il était invoqué pour guérir des diarrhées, et pour se réveiller de bonne heure. Il avait guéri des coqs devenus aphones à la suite d'un maléfice en leur faisant avaler du grain imbibé d'eau bénite.

GERTRUDE (sainte)

Gertrude vient du germanique *gari*, la lance, et *trude*, la fidélité. Sainte Gertrude, surnommée la Grande (fête le 16 novembre), fut recueillie à l'âge de 5 ans par un monastère de Saxe dont elle devint l'abbesse et où elle resta jusqu'à sa mort en 1302, après avoir eu de nombreuses visions mystiques au cours desquelles elle communiquait avec le Christ. Sainte Gertrude la Grande était invoquée pour chasser rats et souris, mais aussi pour que les piqûres ne s'infectent pas.

Sainte Gertrude (fête le 6 janvier), morte en 1358 était servante dans une auberge de Delft, où elle se livrait à la débauche. Touchée par la grâce, elle opta pour la vie monastique où elle se fit remarquer par son ascétisme. Elle était invoquée contre le coma diabétique, dont elle-même était atteinte.

GERVAIS (saint)

Fils de saint Vital et de sainte Valérie, des patriciens romains, saint Gervais fut martyrisé à

Milan au IIe siècle avec saint Protais. Il fut condamné à périr sous les coups de fouet (Protais eut la tête tranchée). Deux siècles plus tard, saint Ambroise de Milan eut la révélation, dans un songe, de l'endroit où leurs corps avaient été enterrés. Il instaura leur culte, très populaire au Moyen Âge. Saint Gervais (fête le 19 juin) était invoqué pour soigner l'incontinence urinaire car, lorsque son corps fut déterré par saint Ambroise, un ouvrier, qui souffrait de ce mal, en fut guéri après avoir touché le cadavre, intact malgré un séjour de deux siècles dans une fosse…

GHISLAIN (saint)

Ghislain vient du germanique *gisl*, otage, et *hard*, brillant. Saint Ghislain fonda un monastère dans le Hainaut, au VIe siècle. Saint Ghislain (fête le 10 octobre) était invoqué pour soigner les enfants pris de convulsions.

GILBERT (saint)

Gilbert vient du germanique *gisl*, otage, et *behrt*, brillant. Saint Gilbert, seigneur d'Auvergne, participa à la seconde croisade et à son retour, fit bâtir deux monastères, à Aubepierre pour son épouse sainte Péronnelle et sa fille, sainte Poncie, et à Neuffonds, où il mourut en 1152 (fête le 7 juin).

Autre saint Gilbert, dit de Sempringham (fête le 4 février), fils d'un compagnon d'armes de

Guillaume le Conquérant, né en Angleterre en 1087. Fondateur d'un ordre qui admettait les hommes et les femmes dans des monastères séparés. Soucieux de l'indépendance de l'Église, il s'opposa au roi. À 80 ans, cet homme ennemi des concessions fut fouetté par ses moines qui lui reprochaient sa sévérité. Il mourut à 103 ans, le 4 février 1190. Saint Gilbert de Sempringham était invoqué pour soigner les hémorroïdes, et les œdèmes, dont il était couvert, après la correction infligée par ses moines.

GILDAS (saint)

Gildas vient du latin *ægidius*, protecteur. Saint Gildas, au VIe siècle, partit d'Irlande évangéliser la Bretagne. Il fonda un monastère à Saint-Gildas-de-Rhuys, et s'installa, après une vision, dans l'île de Houat, où il mourut. Saint Gildas (fête le 29 janvier) était invoqué contre la folie : de son vivant, un seul geste de sa main calmait les fous. Il était aussi invoqué contre les chiens furieux.

GILLES (saint)

Gilles vient du latin *ægidius*, protecteur. Saint Gilles, au VIIIe siècle, était ermite dans une caverne sur les bords du Rhône, où il se nourrissait du lait d'une biche. On fonda, sur son ermitage, lieu de miracles, le monastère de Saint-Gilles-du-Gard, qui devint une étape sur la route de Compostelle. Saint

Sainte Hélène d'après Ingres (vitrail du XIXe siècle). – *Page 75*

Gilles du Gard (fête le 1er septembre) était le patron des bergers, des forgerons des mendiants et des marchands de chevaux ; il était invoqué contre la claudication. Les cancéreux se rendaient en pèlerinage à l'église de Saint-Gilles.

Saint Gilles de Portugal (fête le 14 mai), d'abord étudiant en médecine, devint le supérieur des Dominicains en Espagne, où il mourut en 1265. Il était invoqué par les obsédés nécrophiles. Il était aussi réputé pour chasser le démon.

Gontran (saint)

Gontran vient du germanique *gund*, la guerre, et *harlan*, le corbeau (oiseau sacré). Saint Gontran, roi de Bourgogne, tenta de réconcilier ses frères et ses neveux qui se livraient à des guerres incessantes. Il abdiqua pour se faire moine à la fin du VIe siècle. Saint Gontran (fête le 28 mai) était invoqué pour apaiser les querelles familiales.

Grégoire (saint)

Grégoire vient du grec *egregorein*, veiller. Saint Grégoire le Grand (fête le 3 septembre), pape et docteur de l'Église, né et mort à Rome (540-604) fixa la liturgie (le chant grégorien), et convertit l'Angleterre et le nord de l'Italie. Patron des écoliers, il était invoqué pour lutter contre les brûlures d'estomac, dont lui-même souffrait.

Saint Grégoire de Tours, évêque de cette ville en 573, mort en 594, écrivit une histoire des Francs mérovingiens (fête le 17 novembre).

Saint Grégoire de Naziance, au IVe siècle, fut patriarche de Constantinople et docteur de l'Église (fête le 2 janvier). Il était invoqué pour rendre les enfants obéissants.

Saint Grégoire de Narek, moine arménien mort en 1010, composa un livre de prières en vers ; accusé d'hérésie, il confondit ses détracteurs (fête 29 février). Il était le patron des poètes.

GUILLAUME (saint)

Guillaume vient du germanique *wil*, volonté, et *helm*, casque. Saint Guillaume (fête le 10 janvier) archevêque de Bourges, à la fin du XIIe siècle, fils d'un seigneur du Nivernais, choisit les rigueurs de la vie monastique malgré une santé délicate. Il portait robe de bure et cilice, ne mangeait pas de viande et gardait sa maison ouverte aux pauvres. Abbé du monastère de Châlis, il fut nommé évêque de Bourges, dignité qu'il refusa par humilité jusqu'à ce que le légat du pape lui ordonne d'assumer son épiscopat. Il condamna avec la même vigueur la cupidité de ses chanoines et le divorce du roi Philippe-Auguste. Il mourut le 10 janvier 1209, après s'être fait hisser en chaire pour dire adieu à ses fidèles. Il était invoqué pour aider les enfants à marcher.

Saint Guillaume d'Orange, dit le Grand, comte de Toulouse et duc d'Aquitaine sous Charlemagne, lutta contre les Sarrasins et s'empara de Barcelone. Personnage de la *Chanson de Roland*, il fonda l'abbaye de Saint-Guilhem du Désert.

Saint Guillaume (fête 1er janvier) moine, fils d'un duc italien, fut supérieur de Saint-Bégnine à Dijon. Il était réputé rendre la vue aux aveugles, tout comme un autre saint Guillaume (fête 23 mai), pèlerin écossais assassiné à Rochester en 1201.

Saint Guillaume, de Tours, où il était médecin, et où il mourut en 1103 (fête le 24 avril) était invoqué contre l'avarice. Homme très riche, il avait surpris le diable endormi sur son coffre ; le lendemain, il distribua tous ses biens à l'abbaye voisine !

Enfin saint Guillaume, mort en 1202 (fête le 6 avril), était invoqué contre les perversions sexuelles. Envoyé au Danemark pour remettre de l'ordre dans un monastère de moines libertins, il convertit une prostituée qui cherchait à le tenter ; les moines, impressionnés, renoncèrent aux plaisirs de la chair.

GUY (saint)

Guy vient du germanique *wid*, la forêt. Saint Guy (fête le 12 juin), noble italien du XIIIe siècle, fut converti à la pauvreté par saint François d'Assise. Devenu franciscain, il vécut trente ans dans une grotte en Toscane. Il mourut en 1245.

Saint Guy l'Auxiliaire (fête le 15 juin), dit aussi saint Vit, fut tué en 303. Encore bébé, conduit au tribunal avec sa nourrice chrétienne, il ne sut répéter que « Jésus » aux questions du juge ; celui-ci, furieux, lui brisa les dents d'un coup de poing et le fit décapiter ! Il était invoqué pour guérir des abcès dentaires. Un sanctuaire lui fut élevé près d'Ulm au Xᵉ siècle, fréquenté par ceux qui étaient atteints de chorée, qui se manifeste par des tremblements et gesticulations incoercibles (danse de saint Guy). On l'invoquait aussi pour résister au sommeil.

Un saint Guy (fête 12 septembre), dit saint Guy le Pauvre, fit un pèlerinage en Terre sainte durant sept ans. À son retour en Allemagne, il mourut de dysenterie ; c'est pourquoi on l'invoquait contre les coliques (patron des laboureurs, parce que son père l'était, et des sacristains).

HÉLÈNE (sainte)

Hélène vient du grec *Helé*, l'éclat du soleil. Hélène, fille d'un garçon d'écurie en Bithynie au IVᵉ siècle, séduisit l'empereur romain Constance Chlore dont elle eut un fils, Constantin, qui allait faire du christianisme la religion d'État. Convertie au christianisme après avoir été répudiée par Constance Chlore à cause de ses origines, elle vécut dans l'ombre de son fils ; elle aurait découvert en Palestine, où elle fonda des monastères, la vraie Croix,

Saint Grégoire le Grand (miniature du XIIe siècle). – PAGE 72

avant d'aller mourir dans son village natal. Elle était invoquée contre les points de côté (fête le 18 août).

Sainte Hélène de Suède donna sa fortune aux pauvres, à la grande colère de sa famille qui la tua en 1160. On l'invoquait en cas de violentes disputes familiales.

HERBERT (saint)

Herbert vient du germanique *hari* l'armée, et *behrt*, brillant. Saint Herbert, mort en 687, était ermite sur une île d'Écosse. Il était invoqué (fête le 20 mars) pour faire tomber la pluie, car il aurait été capable, afin de prier tranquillement et d'éloigner les curieux de son ermitage, de faire pleuvoir à volonté ; toutefois les incrédules répondront que le vrai miracle aurait été qu'il fasse venir le soleil dans le ciel d'Écosse…

HERVÉ (saint)

Hervé, d'origine bretonne, signifie vaillant combattant. Saint Hervé, moine breton au VIe siècle, mendiait dans les villages en chantant (sa mère, afin qu'il échappe aux tentations du monde, avait demandé à Dieu qu'il naisse aveugle). Il devint abbé du monastère de Plouvien (Finistère). Il était invoqué contre les loups : lorsqu'il traversait des forêts, des loups venaient le guider. Ancien barde, il est le patron des artistes de music-hall (fête le 17 juin).

Hilaire (saint)

Hilaire vient du latin *hilarius*, celui qui est gai. Saint Hilaire (fête le 13 janvier) était un philosophe du IVe siècle qui combattit les hérésies et devint évêque de Poitiers. Il était invoqué contre la grippe.

Saint Hilaire (fête le 5 mai) était un riche homme établi en Lorraine au Ve siècle qui, après sa rencontre avec son cousin saint Honorat (à l'abbaye de Lérins) se fit moine et devint évêque d'Arles. Il était invoqué pour protéger la vigne.

Honorat (saint)

Honorat est un dérivé d'Honoré. Né à Fréjus au Ve siècle, saint Honorat (fête le 16 janvier) fonda une abbaye, qui devint un haut lieu culturel, dans la petite île de Lérins, où il mourut le 16 janvier 429.

Un autre saint Honorat (fête le 21 décembre) prêtre espagnol devenu évêque de Toulouse au IIIe siècle, était invoqué contre les panaris.

Honoré (saint)

Honoré vient du latin *honoratus*, digne d'être honoré. Saint Honoré (fête le 9 janvier) au XIIIe siècle, est un riche maquignon de Parthenay ; touché par la grâce, il demande à ses serviteurs de distribuer son argent aux pauvres ; mais ils gardent pour eux le trésor, et poignardent Honoré au ventre. Il était invoqué contre les maux de ventre.

Saint Honoré, patron des boulangers et pâtissiers (fête le 16 mai), né dans l'Ain au VIIe siècle, est évêque d'Amiens. S'apercevant qu'il n'a pas de pain sacré pour célébrer la messe, il prie et le Christ lui-même vient déposer des hosties dans le ciboire !

HONORINE (sainte)

Honorine est un dérivé féminin d'Honoré. Sainte Honorine, jeune gauloise, aurait été martyrisée… Patronne des mariniers (fête le 27 février).

HUBERT (saint)

Hubert vient du germanique *hug*, intelligence, et *behrt*, illustre. Saint Hubert était un noble qui devint évêque dans la région de Liège où il fut enterré en 727. Il chassait dans les Ardennes un vendredi saint au lieu de faire pénitence quand un cerf lui apparut avec une croix entre les bois ; honteux, il se consacra désormais à la prière. Saint Hubert (fête le 3 novembre) est le patron des chasseurs, des forestiers, des bouchers ; il était invoqué contre la rage, et avant de partir à la chasse, pour se protéger des accidents. Étant mort après avoir supporté plus d'un an une douloureuse blessure à la main qui l'empêchait de dormir, il était aussi invoqué contre l'insomnie.

Autre saint Hubert, un moine au VIIIe siècle qui guérissait les dépressifs par imposition des mains. Il était invoqué par les angoissés (fête le 30 mai).

Hugues (saint)

Hugues vient du germanique *hug*, l'intelligence. Saint Hugues (fête le 1er avril), né dans la Drôme, moine à Valence au XIIe siècle, fut évêque de Grenoble ; il aida saint Bruno à fonder le monastère de la Grande-Chartreuse.

Un autre saint Hugues (fête le 29 avril) né à Saumur en 1024, mort à Cluny en 1109, fut l'abbé de ce monastère pendant un quart de siècle, et le conseiller de neuf papes et de nombreux souverains. Il était invoqué contre la grippe.

Hyacinthe (saint)

Hyacinthe vient du prénom grec *Hyacinthé*. Saint Hyacinthe (fête le 17 août) évangélisa la Pologne au XIIe siècle. Il prêcha jusqu'en Chine, et était invoqué par les marcheurs fatigués.

Autre saint Hyacinthe (fête le 28 octobre), officier impérial en Cappadoce, au IIIe siècle : emprisonné parce que chrétien, il se laissa mourir de faim plutôt que de manger de la viande consacrée aux idoles. On l'invoquait lors des famines.

Ida (sainte)

Ida de Boulogne (1040-113), fille du duc de Lorraine, mère de Godefroy de Bouillon, fonda plusieurs monastères en Picardie. Sainte Ida (fête le 13 avril) était invoquée contre la surdité.

IGNACE (saint)

Ignace vient du latin *ignitus*, brûlé (par la grâce). Saint Ignace, évêque d'Antioche au début du IIe siècle, fut déporté à Rome où il fut dévoré par des loups dans un cirque. Saint Ignace (fête le 17 octobre) était invoqué contre les loups.

Saint Ignace (fête le 23 octobre), fils d'un empereur byzantin au VIIIe siècle, patriarche de Constantinople, était invoqué pour protéger les enfants de l'inceste, car il avait refusé de bénir un empereur qui couchait avec sa fille.

Saint Ignace de Loyola (fête le 31 juillet), ancien officier qu'une blessure avait rendu boiteux, fondateur des jésuites, était invoqué pour venir en aide aux enfants maltraités.

INNOCENT (saint)

Saint Innocent XI, mort en 1689, fut un pape qui voulut rompre avec les fastes de Rome et vécut dans la pauvreté. Il était invoqué (fête le 12 août) pour lutter contre l'orgueil.

Les saints Innocents massacrés, selon les Évangiles, sur l'ordre d'Hérode, étaient invoqués pour résister à l'ambition (fête le 28 décembre).

IRÈNE (sainte)

Irène vient du grec *eirené*, paix. Sainte Irène (fête le 5 avril) était fille de bonne famille, en Grèce, au début du IVe siècle ; chrétienne, elle refusa de trahir ses compagnons et fut brûlée vive.

Autre sainte Irène (fête le 20 octobre), une belle vierge qui, au VIe siècle, victime de la machination d'un moine qu'elle avait éconduit, fut poignardée par son fiancé, et jetée dans le Tage qui rejeta son corps à Santarem (Santa Iria). Elle était invoquée pour se consoler des chagrins d'amour.

ISABELLE (sainte)

Isabelle est un dérivé ibérique d'Élisabeth. Sainte Isabelle, morte en 1270, sœur du roi saint Louis, refusa d'épouser l'empereur d'Allemagne pour se consacrer au couvent de clarisses qu'elle avait fondé à Longchamp. Son ange gardien lui ayant donné la date de sa mort, elle organisa elle-même ses funérailles. Elle était invoquée (fête le 22 février) pour veiller sur les nourrissons afin qu'ils ne s'étouffent pas pendant leur sommeil.

ISIDORE (saint)

Saint Isidore (560-636) fut évêque de Séville et auteur d'ouvrages encyclopédiques. Saint Isidore (fête le 4 avril) était invoqué contre les piqûres d'abeille ; il est souvent confondu avec un autre Isidore (fête le 10 mai), lui aussi espagnol, mais au XIIe siècle, humble paysan d'une grande piété, patron des laboureurs et de la ville de Madrid.

JACQUES (saint)

Prénom dérivé de Jacob. Saint Jacques le Majeur (fête le 25 juillet), l'un des principaux apôtres, évangélisa l'Espagne. Hérode le fit tuer en 44. Ses restes, transportés en Espagne, furent retrouvés au IXe siècle à Compostelle, qui devint un centre de pèlerinage. Patron des voyageurs et des pharmaciens, il était invoqué contre les rhumatismes.

Saint Jacques le Mineur (fête 3 mai), lui aussi apôtre, fut le premier évêque de Jérusalem. Il fut jeté du haut du temple et lapidé en 62 par les Juifs orthodoxes. Patron des chapeliers, il était invoqué par les blessés pour combattre la douleur.

Saint Jacques de la Marche, au XIVe siècle, avocat devenu missionnaire (et inquisiteur) en Europe centrale guérissait de la goutte celui qui l'invoquait.

Saint Jacques (fête le 15 juillet), évêque en Grèce au IIIe siècle. Passant près de lavandières, il leur reprocha d'avoir retroussé leurs tuniques. Comme elles lui répondirent vertement, il leur jeta un sort qui fit aussitôt blanchir leurs cheveux. Il leur rendit leur couleur naturelle après leur avoir fait promettre de laver leur linge sale dans une tenue décente. On l'invoquait pour freiner la venue des cheveux blancs.

JANVIER (saint)

Janvier vient de *Janus*, dieu romain. Saint Janvier, évêque de Bénévent (Italie), fut martyrisé en

304. Depuis, son sang est conservé dans une ampoule de la cathédrale de Naples (ville dont il est le patron) et il se liquéfie le jour de sa fête (le 19 septembre). Il était invoqué contre les engelures, les éruptions volcaniques, et pour faire repousser les sourcils ; patron des orfèvres.

Saint Honoré sur la bannière de la corporation des boulangers d'Angers (XVIe siècle). – PAGE 78

JEAN (saint)

Jean, en hébreu, signifie ce que Dieu donne, et vient des mots hébreux *jo* (abréviation de Jéhovah) et *natan* (donner). Jean (fête le 27 décembre) est le frère de Jacques le Majeur, comme lui pêcheur en Galilée ; il est le confident de Jésus, qui, lors de sa crucifixion, lui confie sa mère Marie. Après la résurrection, il se rend en Asie mineure pour prêcher. Exilé à Patmos, il y aurait rédigé son évangile et l'Apocalypse. Il y meurt, centenaire, vers l'an 100.

Un saint Jean, surnommé le Nain (fête le 15 septembre) en Égypte au ve siècle, que sa petite taille rendait agressif alla vivre dans le désert. Il en revint serein. On l'invoquait pour venir en aide aux enfants complexés par un défaut physique.

Saint Jean de Capistran, né au XVe siècle en Italie, fut légat du pape et aida les Hongrois à repousser les Turcs. Il était invoqué lorsqu'un chef d'État était à l'agonie.

Saint Jean Bosco (fête le 31 janvier), né et mort dans le Piémont italien (1815-1888) est un prêtre qui, pour donner une instruction chrétienne aux enfants, fonda l'ordre des Salésiens.

JEAN-BAPTISTE (saint)

Jean le Baptiste (fête au solstice d'été, le 24 juin ; Jean l'évangéliste a sa fête au solstice d'hiver), baptisa Jésus dans le Jourdain. Hérode le fit décapiter pour plaire à Salomé, qui avait réclamé sa tête sur un plateau d'argent. Saint Jean-Baptiste était invoqué pour combattre la timidité, et les convulsions chez les enfants ; c'est le patron des tripiers, aubergistes, ramoneurs et couteliers.

Saint Jean-Baptiste de la Salle (fête le 7 avril) fonda au XVIIe siècle la congrégation des Frères des Écoles chrétiennes. C'est le patron des enseignants.

JEANNE D'ARC (sainte)

Née à Domrémy, en Lorraine, en 1412, Jeanne d'Arc est la fille d'un paysan aisé. Élevée chrétiennement, elle entend, vers 13 ans, en gardant ses moutons, des voix célestes qui l'invitent à sauver la France alors sous la domination anglaise et bourguignonne. Personnification vivante de la patrie envahie, envoyée par Dieu pour sauver son pays, après avoir insisté (on la prend, au début, pour une folle), elle obtient du roi Charles VII une armée qui délivre Orléans assiégée par les Anglais (mai 1429). Elle ouvre la route de Reims où elle fait sacrer Charles VII le 17 juillet 1429. À Compiègne, elle tombe aux mains des Anglais. À la suite d'un procès inique de trois mois, elle est condamnée à être brûlée vive comme hérétique et sorcière à Rouen, le 30 mai 1431. En 1455 s'ouvre son procès de réhabilitation. Béatifiée en 1909, elle est canonisée en 1920 par Benoît XV, et devient patronne secondaire de la France (fête le 13 mai). On l'invoque contre les brûlures, les accusations injustes et les blasphémateurs.

JÉRÉMIE (prophète)

Jérémie vient d'un mot hébreu signifiant l'élève de Dieu. Jérémie est l'un des quatre grands prophètes d'Israël, auteur du *livre des Lamentations*. Persécuṭé au VIIe siècle av. J.-C. pour avoir prophétisé les malheurs qui allait s'abattre sur le royaume de Juda, il fut lapidé par ses compagnons lors la captivité à Babylone. Jérémie (fête le 1er mai) était invoqué pour aider à supporter la misère.

JÉRÔME (saint)

Jérôme vient du latin *hieromymus*, mot issu du grec signifiant nom sacré. Saint Jérôme, né en Dalmatie au IVe siècle, étudie à Rome la littérature et la théologie. Il est baptisé à l'âge de 19 ans. Pour fortifier sa foi chrétienne, il vit en ermite pendant cinq années dans le désert syrien. Revenu à Rome, le pape lui demande de traduire en latin la Bible jusqu'alors écrite en grec : c'est la vulgate. Il repart ensuite pour la Terre sainte où il fonde deux monastères, un pour les hommes, l'autre pour les femmes, tout en poursuivant ses travaux d'érudition et ses disputes avec sa hiérarchie, car le saint homme a très mauvais caractère. Ordonné prêtre contre son gré, il refuse de servir la messe car s'en jugeant indigne. Il meurt à Bethléem en 419 et est aussitôt canonisé, puis déclaré docteur d'Église. Saint Jérôme (fête le 30 septembre), patron des traducteurs, et des étudiants, était invoqué lorsqu'on était tenté de céder à la violence et à la colère, car Jérôme, malgré sa sainteté, était si irascible qu'il lui arrivait de boxer ses contradicteurs…

Saint Jérôme (fête le 8 février) moine vénitien du XVIe siècle (après avoir été soldat), fonda une congrégation pour recueillir les orphelins dont il est depuis le patron.

JOACHIM (saint)

Joachim vient d'un mot hébreu signifiant vœu de dieu. Saint Joachim, époux d'Anne, fut le père de la vierge Marie. Il est (fête le 26 juillet) le patron des lingères. On l'invoquait pour calmer les enfants qui pleuraient trop.

Saint Joachim (fête le 16 avril) fut au XIVe siècle un moine-mendiant qui guérissait l'épilepsie par imposition des mains.

JONAS (saint)

Jonas, prophète de l'Ancien Testament, fut jeté à la mer parce que les marins de son bateau croyaient qu'il portait malheur ; une baleine l'avala et le recracha trois jours plus tard, indemne, sur un rivage. Jonas (fête le 21 septembre) était invoqué pour une pêche fructueuse.

Autre saint Jonas, un moine égyptien du IVe siècle (fête 11 février), jardinier de son état, qui préparait des tisanes contre l'indigestion et qui était invoqué en cas d'ennuis gastriques.

JOSEPH (saint)

Joseph vient de l'hébreu *jo*, abréviation de Jéhovah, et d'*eph*, donner: donné par Dieu. Saint Joseph, charpentier à Nazareth, est le mari de Marie, et le père nourricier de Jésus. Il est le patron (fête le 19 mars) des sonneurs de cloches, des artisans en général et des charpentiers en particulier, ainsi que des fossoyeurs. Lui qui avait cherché un toit afin

Le supplice d'Ignace d'Antioche (dessin du IXe siècle). – PAGE 81

que Marie puisse accoucher de Jésus à l'abri était invoqué par ceux qui cherchaient à se loger.

Saint Joseph Barsabbas, le Juste (fête le 20 juillet) faillit remplacer Judas parmi les apôtres ; on l'invoquait en cas d'intoxication alimentaire.

Saint Joseph Calasanze (fête le 25 août) fonda, au XVIe siècle en Espagne, une congrégation pour l'éducation des enfants ; on l'invoquait pour les protéger sur le chemin de l'école.

Saint Joseph de Cupertino, au XVIe siècle, était un moine qui pouvait entrer en lévitation et survoler l'église pendant l'office (les aviateurs en ont fait leur patron) et deviner les péchés omis lors de la confession (raison pour laquelle on l'invoquait avant les examens, pour garder la mémoire fraîche).

JOSSE (saint)

Saint Josse fut roi de Bretagne avant de renoncer au trône pour se consacrer à la prière et mourir en ermite en Picardie à la fin du VIe siècle. Il était invoqué (fête le 13 décembre) contre les maladies du foie et pour protéger les récoltes contre les maraudeurs.

JUDE (saint)

Jude est un dérivé de Juda, prénom hébreu signifiant Gloire à Dieu. Frère de l'apôtre Jacques le

Mineur, il prêcha en Mésopotamie avant d'être martyrisé en Perse. Il était invoqué (fête le 28 octobre) dans les situations désespérées.

Jules (saint)

Jules est la francisation du prénom latin *Julius*. Saint Jules fut pape de 337 à 352. Il renforça l'autorité du Saint Siège contre les hérétiques (fête le 12 avril). Il était invoqué contre la constipation. C'est sans doute à lui qu'on doit le surnom familier de jules pour désigner un pot de chambre ! Il était le patron des vidangeurs de fosses d'aisances.

Saint Jules (fête le 19 août) fut un martyr à la fin du IIe siècle. Sénateur romain, il arrêta le bras de l'empereur Commode, qui était en train de battre sa femme (ce qui lui valut d'être bastonné à mort) ; les femmes battues par leur mari en firent leur patron.

Julie (sainte)

Julie est un dérivé féminin de Jules. Sainte Julie (fête le 8 avril), née dans l'Oise en 1751, morte à Namur en 1816, fonda les Sœurs de Notre-Dame, institution chargée de l'éducation des jeunes filles.

Une autre sainte Julie, au VIIe siècle, partie évangéliser la Corse, y fut crucifiée. Elle en est aujourd'hui la sainte patronne avec sa sœur, qui connut le même destin qu'elle, sainte Dévote.

JULIEN (saint)

Julien est un dérivé de Jules. Saint Julien l'Hospitalier (fête le 27 janvier) croyant, une nuit, surprendre sa femme en compagnie d'un amant, leur trancha la tête. Il venait de tuer ses parents ! Hanté par ce crime, il partit vivre en ermite avec son épouse et fonda un hospice pour les mendiants. Un lépreux ayant frappé à sa porte, il la lui ouvrit. C'était un ange (ou Jésus) qui venait lui annoncer que, grâce à ce geste charitable, il était pardonné.

Un saint Julien (fête le 17 février) était invoqué contre les brûlures : en 309, il assistait au martyre de onze chrétiens brûlés vifs en Palestine ; « les apôtres étaient douze, vous n'êtes que onze », cria-t-il en sautant sur le bûcher pour faire le douzième !

Saint Julien, officier romain converti au christianisme, fut martyrisé au IIIe siècle à Brioude (fête le 28 août). Il était invoqué lors des épidémies, mais aussi pour retrouver des objets volés.

Saint Julien (fête le 16 mars), martyr au IIIe siècle, sous Dioclétien, fut enfermé dans un sac rempli de vipères que l'on jeta dans la mer. Il était invoqué contre les morsures de serpent.

JULIENNE (sainte)

Julienne est un dérivé féminin de Jules. Sainte Julienne (fête le 16 février), martyre à Nicomédie au début du IVe siècle, était invoquée lors des accouchements ou contre la chute des cheveux.

Sainte Julienne Falconieri (fête le 19 juin), de Florence, fonda un ordre religieux au XIVe siècle. Comme elle rejetait tout ce qu'on tentait de lui faire avaler, on lui posa une hostie sur le cœur : l'hostie fut absorbée par sa chair, qui en garda une marque rouge ! Elle était sollicitée contre les vomissements.

JUST / JUSTE (saint)

Just, ou Juste, vient du latin *justus*, juste. Saint Just (fête le 14 octobre), fut évêque de Lyon à la fin du IVe siècle. Il se fit ermite en Égypte (où il mourut) parce que la foule, malgré lui, avait envahi sa cathédrale pour y tuer un criminel qui s'y était réfugié.

Saint Just (fête le 14 juillet) fut martyrisé au IVe siècle à Constantinople ; soldat romain devenu chrétien, on lui posa sur la tête un casque rougi au feu… Il était invoqué contre la chute des cheveux.

JUSTINE (sainte)

Justine est un dérivé de Justin. Sainte Justine, jeune vierge de Padoue, au IIIe siècle, fut martyrisée parce que chrétienne : on lui transperça les seins avec des poignards. Sainte Justine (fête le 12 mars) était invoquée contre les douleurs aux seins, mais aussi pour lutter contre l'influence des astrologues.

Kévin (saint)

Kévin vient d'un mot celtique signifiant pur. Saint Kévin fonda au VIIe siècle un monastère en Irlande (il est le patron de la ville de Dublin, fête le 3 juin). Ermite, il passait des mois entiers à prier adossé à un arbre, les bras en croix. Parce que les oiseaux s'y posaient, il en était le protecteur.

Lambert (saint)

Lambert vient du germanique *land*, et *behrt*, brillant. Saint Lambert, évêque de Maastricht fut, en 705, assassiné par Pépin de Herstal, maire du palais d'Austrasie, auquel il s'opposait politiquement et reprochait, en outre, son concubinage (dont Charles Martel fut le fruit). Il était invoqué (fête le 17 septembre) contre les maux de reins.

Laurent (saint)

Laurent vient du latin *laurus*, le laurier, symbole de la victoire chez les Romains. Diacre du pape Sixte II, saint Laurent fut arrêté en 258 et, pour avoir refusé de livrer le trésor de l'Église à l'empereur, fut couché sur un gril placé au-dessus d'un brasier. Résistant à des douleurs atroces, il eut le courage de narguer le bourreau : « Retourne-moi, maintenant, que l'empereur ait de la viande bien cuite à manger », lui aurait-il jeté ! Dieu, ému par son supplice, lui aurait accordé la grâce de libérer, tous les vendredis, une âme du purgatoire. Il était invoqué (fête le 10 août), martyre oblige, contre les brûlures, mais aussi contre le lumbago ; il est le patron des policiers, bibliothécaires, économes (son métier auprès du pape) et de ceux qui sont en contact avec le feu : pompiers, rôtisseurs et repasseuses, qui avaient toujours un fer au chaud.

Lazare (saint)

Lazare est une déformation du prénom hébreu *Éleazar*, celui que Dieu a secouru. Lazare de Béthanie, frère de Madeleine fut ressuscité par le Seigneur. Chassé de Palestine, il serait arrivé en Provence avec les saintes Marie. La légende assure qu'il fut évêque d'Autun. Il est le patron des croque-morts et des fossoyeurs.

Saint Lazare, au IXe siècle, était moine, et peintre ; pour avoir restauré des fresques religieuses détruites dans les couvents par les iconoclastes, on lui brûla les mains. Ayant refusé, lors de son agonie, de pardonner à ses bourreaux, il fut condamné à effectuer un bref séjour au purgatoire.

Saint Lazare de Constantinople était le patron des peintres et des sculpteurs ; on l'invoquait contre les rhumatismes dans les bras et les mains, et aussi contre la colère…

Saint Luc, dans son Évangile, parle d'un Lazare pauvre, mais secourable, opposé au mauvais riche. C'est sous l'autorité de ce saint Lazare-là (dont on met en doute l'authenticité) que furent placés, pendant les croisades, les hôpitaux pour lépreux les lazarets. Il était invoqué (fête le 23 février) contre la lèpre. À ne pas confondre avec le Lazare que Jésus ressuscita à la demande de sa sœur Marthe, fêté en même temps qu'elle, le 29 juillet.

LÉON (saint)

Léon vient du latin *leo*, le lion. Saint Léon Ier, pape de 440 à 461, fut surnommé Le Grand à cause de son érudition (fête le 10 novembre), mais aussi pour avoir réussi à dissuader Attila de ravager Rome en lui proposant un gros dédommagement financier. Trois ans plus tard, il eut moins de persuasion avec Genséric, roi des Vandales, qui lui, pilla la ville. Léon obtint cependant qu'il en épargne les habitants.

Saint Léon II, pape de 681 à 683, compositeur de chants grégoriens, était patron des musiciens.

Saint Léon, né à Carentan, évêque de Rouen au IXe siècle, évangélisa dans les Pyrénées ; il aurait rendu les ours inoffensifs (raison pour laquelle, ensuite, on l'invoqua). Les Sarrasins le décapitèrent.

LÉONARD (saint)

Léonard est un dérivé de Léon. Léonard de Noblat, au VIe siècle, ermite, passait pour guérisseur. La reine d'Aquitaine ne parvenait pas à mettre un enfant au monde ; il lui fit une imposition des mains, et la délivra. Il avait été auparavant conseiller de Clovis. Saint Léonard (fête le 6 novembre) était invoqué lors des accouchements…

Un autre saint Léonard, fondateur au VIe siècle d'une abbaye au Mans, était invoqué contre la surdité.

Saint Léonard de Turin, au XIXe siècle (fête le 30 mars), suggéra, avec un bon siècle d'avance, aux patrons italiens de ne faire travailler leurs ouvriers que huit heures par jour, ce qui lui valut quolibets et injures.

LÉONCE (saint)

Léonce est un dérivé de Léon. Saint Léonce (fête le 18 juin), frère de Côme, Damien, Anthime et Euprèpe, fut martyrisé avec eux en Cilicie pour avoir refusé d'abjurer sa foi chrétienne, au IVe siècle.

Saint Léonce, général né à Saintes au VIe siècle, se sépara, par un commun accord, de sa femme (sainte Placidine) après avoir été touché par la grâce et fut évêque de Bordeaux (fête le 15 novembre).

Un autre saint Léonce, évêque de Fréjus au Ve siècle, était invoqué contre les fatigues de l'âge.

LOUIS (saint)

Louis vient du germanique *hlod*, gloire, et *wig*, combat, le glorieux combattant, qui a donné Clovis, puis Louis. Luigi est sa version italienne,

Ludwig sa version allemande. Louis IX (1214-1270) roi de France célèbre pour sa piété, organisa deux croisades (il mourut lors de la seconde). Saint Louis (fête le 25 août), patron des pâtissiers et des coiffeurs, était invoqué pour faire mûrir les abcès.

Saint Louis de Gonzague (fête le 21 juin) quitta une famille princière (qui donna deux cardinaux en une génération) pour entrer chez les jésuites à la fin du XVIe siècle ; il mourut lors d'une épidémie en soignant des malades.

Loup (saint)

Loup vient du latin *lupus*, le loup (animal protecteur de Rome, une louve ayant allaité Romulus, le fondateur de la ville). Saint Loup (fête le 29 juillet), né à Toul et évêque de Troyes réussit en 451 à convaincre Attila d'épargner son diocèse. Les bergers, dont il était le patron, l'invoquaient pour mettre en fuite les loups comme il avait su mettre en fuite le roi des Huns.

Saint Loup, évêque de Limoges, guérissait ses fidèles par imposition des mains au VIIe siècle. On l'invoquait contre les maladies des intestins.

Luc (saint)

Luc vient du latin *lux*, la lumière. Médecin d'origine grecque, saint Luc se convertit au christianisme lorsqu'il rencontre saint Paul. À partir des témoignages qu'il recueille, il rédige son Évangile ; c'est le seul des quatre évangélistes à n'avoir pas côtoyé le Christ. Ordonné prêtre, il devient évêque de Macédoine jusqu'en 66. À la mort de Paul, il repart en Grèce et meurt vers 90 ans. Saint Luc (fête le 18 octobre) patron des sculpteurs et des chirurgiens était invoqué pour lutter contre l'impuissance masculine.

Saint Jacques le Majeur (gravure sur bois du XVe siècle).

– Page 83

LUCE / LUCIE (sainte)

Lucie et Luce sont des dérivés féminins de Luc. Sainte Lucie, une jeune Sicilienne à la fin du IIIe siècle, fut dénoncée comme chrétienne par un soupirant éconduit. Elle fut condamnée à être enfermée dans une maison de prostitution, mais personne ne parvint à l'arracher du tribunal ; on tenta de la traîner avec des bœufs, on mit le feu sous ses jambes et ses pieds : en vain. Il fallut lui trancher la gorge. On invoquait sainte Lucie (fête le 13 décembre) pour améliorer sa vue, et contre la dysenterie.

LUCIEN (saint)

Lucien, dérivé de Luc, provient aussi de Lucianus, une famille romaine. Saint Lucien, prêtre romain venu évangéliser le nord de la Gaule fut martyrisé dans la région de Beauvais, au IIIe siècle. Il était invoqué contre l'impétigo (fête le 8 janvier).

LUCRÈCE (sainte)

Lucrèce est un prénom romain. Sainte Lucrèce, née à Cordoue dans une famille musulmane au IXe siècle, fut tuée par ses parents pour s'être convertie au christianisme. Son corps fut jeté dans le Guadalquivir mais il flotta miraculeusement jusqu'à ce que les chrétiens le recueillent et l'enterrent religieusement. Elle était invoquée (fête le 15 mars) pour venir en aide aux enfants martyrs Elle était aussi invoquée contre les accidents digestifs dus à des arêtes de poisson, car sa légende prétendait que son corps avait pu flotter grâce aux poissons qui s'étaient groupés pour le maintenir à la surface.

Ludmilla (sainte)

Ludmilla vient du germanique *hirt*, peuple, et *mund*, protection. Sainte Ludmilla, veuve d'un duc de Bohème à la fin du Xe siècle, fut chargée de l'éducation de son petit-fils, Venceslas, dont elle fit un saint. Sa belle-fille (une païenne), jalouse de son autorité morale, la fit assassiner. Sainte Ludmilla (fête le 16 septembre) était invoquée pour venir en aide aux parents maltraités par leurs enfants.

Macaire (saint)

Au IVe siècle, saint Macaire, évêque de Jérusalem, d'origine égyptienne. Il aurait identifié la Sainte Croix, découverte par sainte Hélène (mère de l'empereur Constantin) ainsi que les croix des deux larrons compagnons de crucifixion de Jésus. Il était invoqué contre les inondations (fête le 10 mars).

Autre saint Macaire (fête le 10 avril) un évêque d'Antioche venu prêcher à Gand où il mourut de la peste au début du XIe siècle ; il était invoqué pour ouvrir les portes aux serrures récalcitrantes.

MADELEINE (sainte)

Madeleine est l'adaptation de Magdala, ancienne ville de Palestine. La fête des Madeleine (le 22 juillet) est celle des Marie-Madeleine.

Mais il y a aussi une sainte Madeleine de Pazzi, carmélite née à Florence (fête le 25 mai) au XVe siècle. On l'invoquait contre les vomissements des femmes enceintes parce qu'elle-même était prise de vomissements lorsqu'elle se trouvait à proximité d'une personne en état de péché.

MARC (saint)

Marc vient de Marcus, le marchand, en latin. Saint Marc, fils d'une riche veuve de Jérusalem, assiste à l'arrestation du Christ. Disciple de saint Pierre, il écrit le deuxième Évangile. Premier évêque d'Alexandrie (il fonde l'église d'Égypte), il est martyrisé sous Néron en 74. Il est le patron de Venise, où ses reliques ont été déposées, et des notaires. Il était invoqué (fête le 25 avril) contre la gale, et pour que les héritages, au moment de l'ouverture du testament, se passent bien…

Saint Marc, médecin italien du XVe siècle, se fit franciscain et fonda les monts-de-piété.

MARCEL (saint)

Marcel est un dérivé de Marc. Saint Marcel (fête le 16 janvier) fut pape de 308 à 309. Son intransigeance envers les chrétiens qui, pour fuir les persécutions, avaient abjuré, lui valut d'être exilé par l'empereur Maxence. Une veuve l'accueillit, et transforma sa maison (où il mourut) en église. Il était invoqué pour obtenir la sollicitude d'une dame, et plus, si affinités…

Un autre saint Marcel, officier dans l'armée romaine au IIIe siècle, jeta son épée lors d'une parade en déclarant que, chrétien, il ne voulait plus s'en servir. Il fut exécuté sur l'ordre de son général.

MARCELLE (sainte)

Marcelle est le dérivé féminin de Marcel. Sainte Marcelle, au IVe siècle, riche patricienne romaine employa sa fortune à fonder une communauté féminine laïque. Elle était invoquée (fête le 31 janvier) contre les douleurs dans les bras.

MARGUERITE (sainte)

Marguerite vient du latin *margarita*, la perle. Il y a une confusion entre sainte Marguerite (fête le 20 juillet) et sainte Marine (voir ce prénom) ; mais la médaille est au nom de Marguerite.

Autre sainte Marguerite, au XIe siècle, de la famille royale anglaise chassée du trône par Guillaume le Conquérant. Elle se réfugia en Écosse dont elle épousa le roi, lui donnant huit enfants et fondant des monastères (fête le 16 novembre).

Sainte Marguerite de Cortone, au XIIIe siècle (fête le 22 février) entra dans les ordres lorsqu'elle fut trentenaire ; auparavant, elle avait été une belle femme très courtisée ; devenue nonne, elle en conçut une telle honte qu'elle se défigura avec une pierre. Les mères l'invoquaient lorsqu'elles trouvaient leurs filles trop coquettes, ou affichant de mauvais penchants pour des garçons.

Marguerite-Marie Alacoque (fête le 16 octobre) dans son couvent de Paray-le-Monial, au XVIIe siècle, eut des visions du cœur saignant de Jésus-Christ ; elle inaugura le culte du Sacré-Cœur. Elle était invoquée contre les varices.

MARIANNE (sainte)

Marianne, contraction de Marie et d'Anne, est aussi un dérivé du prénom hébreu *Mariamne*. Sainte Marianne fut, sous la Révolution française qui ferma les couvents, décapitée à Orange : religieuse, elle refusa de se soumettre à l'autorité républicaine (fête le 9 juillet).

Sainte Marianne, de Quito (Équateur) au XVIIe siècle, ayant été refusée comme religieuse, se comporta comme telle dans la maison familiale, transforma sa chambre en cellule. Lors d'un tremblement de terre, elle montra un tel dévouement qu'elle en mourut d'épuisement. Elle était invoquée contre les tremblements de terre.

MARIE (sainte)

Marie vient de l'hébreu *myriam*, voyante (ou souveraine). L'ange Gabriel avertit Marie qu'elle mettrait au monde Jésus, qu'elle éleva et suivit jusqu'au pied du calvaire. Ensuite, elle se serait retirée chez l'apôtre Jean. Elle eut une assomption, enlevée par des anges. Le concile d'Éphèse (IVe siècle) l'établit mère de Dieu (fête le 15 août). Louis XIII plaça le royaume de France sous sa protection. Elle est la patronne de plusieurs ordres religieux, et des femmes.

Sainte Marie d'Oignies (fête le 23 juin), mariée contre son gré au XIIIe siècle, obtint de son mari que le mariage ne soit pas consommé et que leur maison soit transformée pour recevoir les femmes qui allaient accoucher; on l'invoquait lors des premières douleurs, mais aussi pour s'empêcher de proférer des jurons. Selon la légende, les ossements de la sainte se seraient entrechoqués dans leur reliquaire lorsque le pape Grégoire IX (qui organisa l'Inquisition et envahit la Sicile pendant que Frédéric, son souverain, était parti en croisade sur son ordre), fort grossier, avait juré à proximité…

Sainte Marie d'Égypte, fêtée (2 avril) par les chrétiens d'Orient, vécut au IVe siècle. Elle se livrait à la débauche quand la vierge lui apparut; elle se retira alors dans le désert où elle vécut en ermite pendant un demi-siècle. C'est, comme Marie-Madeleine, la patronne des pécheresses repenties.

Marie-Madeleine (sainte)

Madeleine est la francisation de *Magdala*, ancienne ville de Palestine. Marie-Madeleine signifie Marie de Magdala. Marie-Madeleine est la pécheresse à qui Jésus pardonne son passé. Mais dans le Nouveau Testament, une autre Marie-Madeleine suit Jésus et assiste à sa crucifixion. Les catholiques romains les ont confondues en une seule Marie-Madeleine, laquelle, avec Marthe et Lazare, fuyant la Palestine après la mort de Jésus, aurait débarqué aux

Saint Jean écrivant son Évangile (d'après une peinture du XVe siècle). – Page 85

Saintes-Maries-de-la-Mer, en Camargue. Marie-Madeleine était invoquée (fête le 22 juillet) pour surmonter les chagrins d'amour ; elle est patronne des prostituées et pécheresses repenties, des plombiers, des parfumeurs, des tanneurs…

Marin (saint)

Marin vient du latin *marinus*, le marin. Saint Marin fut martyrisé à Césarée au IIIe siècle : officier dans l'armée romaine, il fut dénoncé comme chrétien par un soldat jaloux de son avancement plus rapide que le sien, et décapité. Parce qu'on lui avait tranché la sienne, il était invoqué (fête le 3 mars) contre les maux de gorge.

Marine (sainte)

Sainte Marine, à Antioche au IIIe siècle, est chassée de sa famille parce que chrétienne ; la jeune fille devient bergère. Le gouverneur Olibrius la voit parmi ses moutons et en tombe amoureux. En bonne chrétienne, elle repousse ses avances. De colère, il la fait mettre à mort. La veille de son exécution, le diable, déguisé en dragon, entre dans sa cellule et l'avale afin de l'arracher à la mort. Mais elle refuse cette aide et grâce à sa petite croix autour du cou, elle ouvre les entrailles du monstre, s'en échappe et le met en fuite. Sainte Marine (fête le 20 juillet) était la patronne des nourrices (voir Marguerite).

Marthe (sainte)

Marthe vient de l'araméen *mar*, maîtresse. Sainte Marthe est évoquée dans l'Évangile de saint Luc. Jésus s'étant arrêté chez elle, elle continue à faire le ménage et houspille sa sœur Marie qui, elle, écoute parler Jésus. Mais Marthe reconnaît le Messie lorsqu'il ressuscite son frère Lazare. Selon une légende provençale, elle aurait, après avoir débarqué aux Saintes-Maries-de-la Mer, vaincu la tarasque, un dragon qui dévastait les environs de Tarascon (ville dont elle est la patronne)… Patronne des femmes de ménage, elle était invoquée (fête le 29 juillet) contre les maux de dos, fréquents lorsqu'on se livre à des taches domestiques.

Une sainte Marthe espagnole fut, au IIIe siècle, décapitée parce que chrétienne. La prier aidait à surmonter les maux d'estomac.

Martial (saint)

Martial vient du latin *martius*, guerrier, Mars étant le dieu romain de la guerre. Saint Martial, au IIIe siècle, évangélisa le Limousin. Premier évêque de Limoges, il était invoqué (fête le 30 juin) contre les oreillons, et pour obtenir beaucoup de châtaignes.

Martin (saint)

Martin, comme Martial, vient du latin *martius*. Saint Martin, né en Hongrie au début du

IVᵉ siècle, était officier dans l'armée romaine en Picardie. Croisant, l'hiver, un mendiant, il partagea en deux son manteau et en donna la moitié au misérable. La nuit suivante, en songe, il vit le Christ sous les traits du mendiant. Il se fit baptiser et christianisa la moitié nord de la France, jusqu'à la Loire. Les premiers rois de France, qui revendiquaient la moitié de son manteau comme étendard, vouaient à saint Martin (fête le 11 novembre) un culte particulier ; c'est pour abriter cette chape que l'on bâtit, dans l'église qui lui était consacrée à Tours, la première chapelle. Il était invoqué par les femmes d'ivrognes lorsqu'elles subissaient des coups ainsi que pour faire revenir les animaux égarés.

MARTINE (sainte)

Martine est dérivé de Martin. Sainte Martine fut l'une des premières chrétiennes suppliciées à Rome, dont elle est l'une des saintes patronnes. Elle était invoquée en cas de coliques (fête le 30 janvier).

MATHILDE (sainte)

Mathilde vient du germanique *maht*, puissant, et *hild*, le combat (ou le bouclier). Sainte Mathilde, au Xᵉ siècle, fut l'épouse du roi d'Allemagne Henri l'Oiseleur dont elle eut cinq enfants qu'elle éleva pieusement, tout en fondant des abbayes. En vain, car à la mort de son mari, ses enfants l'exilèrent dans l'un des couvents qu'elle avait fondés et l'y oublièrent, ne se réconciliant avec elle qu'à la fin de ses jours. Il faut dire, à leur décharge, que sa piété n'avait d'égal que son goût de l'intrigue, et qu'elle se mêlait volontiers de politique, aptitude dont ses rejetons héritèrent : sainte Mathilde fut mère du premier empereur d'Allemagne et grand-mère d'Hugues Capet. Elle était invoquée (fête le 14 mars) par les parents maltraités par leurs enfants.

MATHURIN (saint)

Mathurin vient d'un mot latin désignant l'homme mûr. Saint Mathurin fut évêque de Sens au IVe siècle. Patron des potiers et tisserands, il était invoqué (fête le 1er novembre) en cas de troubles psychiques (il avait guéri de la folie la fille d'un roi), et par les époux craignant une scène de ménage.

MATTHIAS (saint)

Matthias est un dérivé de Matthieu. Saint Matthias, disciple de Jésus, fut tiré au sort comme douzième apôtre, à la place de Judas. Il serait parti évangéliser en Turquie et aurait été martyrisé au sud du Caucase. Il était invoqué (fête le 14 mai) par les alcooliques qui voulaient guérir de leur vice.

Un autre saint Matthias fut évêque de Jérusalem au début du IIe siècle. Il était invoqué en cas de douleurs à l'estomac.

Matthieu (saint)

Saint Matthieu (ou Mathieu) le publicain, comme il se désigne lui-même, né à Capharnaüm, était un officier civil (nommé Lévi avant sa conversion) chargé de la rentrée des impôts pour le trésor impérial, métier détesté des Juifs. Jésus, qui était à Capharnaüm où il venait de guérir un paralytique, le vit et lui dit de le suivre. Et Matthieu obéit. À la mort de Jésus, il alla prêcher, selon la tradition, en Perse (ou en Éthiopie, où il aurait converti au christianisme la famille royale en ressuscitant un prince), où il fut martyrisé. Il menait une vie ascétique, s'abstenait de manger de la viande, ne consommant que des herbes, des graines et des pousses d'arbres. Il aurait fondé le premier couvent de vierges ; selon l'une des multiples légendes qui courent sur lui, c'est en défendant une vierge agressée par un seigneur qu'il aurait été tué. Avant que quitter la Palestine, il avait composé, en langue araméenne, un récit de la mission du Christ, à la demande des premiers fidèles chrétiens ; mais ce texte primitif s'est perdu, et l'Évangile de saint Matthieu, tel que nous le connaissons maintenant, est une version qui a été faite d'après le grec (fête le 21 septembre).

Maurice (saint)

Maurice, comme Maur, vient de *maur*, originaire du pays des Maures (Mauritanie). Saint

Maurice, chef de la légion thébaine, rattachée à l'armée impériale, est envoyé en Suisse combattre les Vandales sous le règne de Maximilien. Mais ses légionnaires sont chrétiens, et refusent de sacrifier aux dieux. L'empereur ordonne que la légion soit décimée : 1 soldat sur 10 (ils étaient plus de 6 000) est exécuté. La punition n'ayant pas fait céder les survivants, ceux-ci sont, à leur tour, décimés... Tout l'effectif de cette légion thébaine sera ainsi massacré, y compris Maurice. Saint Maurice (fête le 22 septembre), dont le casque aurait été porté par Charles Martel lors de la bataille de Poitiers, était invoqué par les soldats pour obtenir la victoire ou contre les douleurs de la goutte.

Un saint Maurice, conseiller des ducs de Bretagne au XIIe siècle, fonda le monastère de Carnoët.

MAX / MAXIME (saint)

Maxime (diminutif Max) vient du latin *maximus*, le plus grand. Maxime, abbé d'un monastère de Constantinople au VIIe siècle, eut les deux mains coupées parce qu'il soutenait, contre le patriarche de la ville, que, conformément aux principes catholiques, il y avait deux natures en Jésus Christ (l'homme et le Dieu) ; son bourreau déclara que s'il avait soutenu qu'il n'y avait qu'une nature, il ne lui en aurait coupée qu'une. Saint Maxime était invoqué contre les blessures aux mains.

La légende de Marie d'Égypte sur un vitrail
de la cathédrale de Bourges (XIIIe *siècle*). – *Page 105*

Un saint Maxime (fête le 5 mai) fut évêque de Jérusalem au IVᵉ siècle, et condamné à travailler dans les mines après avoir eu un œil crevé. Les aveugles se plaçaient sous sa protection. Saint Maxime (fête le 25 novembre), abbé du monastère de Lérins, évangélisa la Provence au Vᵉ siècle.

MÉDARD (saint)

Saint Médard vint au monde vers 456, près de Noyon. Son père, saint Nectard, était Franc, sa mère Gallo-romaine. Ordonné prêtre à 33 ans, il prêcha dans les campagnes. Élu évêque de Noyons en 530, puis évêque de Tournai en 532, il entreprit de convertir la Flandre. Il mourut vers 545. Le roi mérovingien Clotaire fit transférer ses restes à Soissons, qui était sa capitale, et saint Médard devint patron de la ville. On attribue à saint Médard l'institution des fêtes de rosières, destinées à récompenser d'une rose les jeunes filles les plus vertueuses. Selon sa légende, saint Médard, offusqué de voir des jeunes gens mal se conduire lors de bals célébrant le retour du printemps demanda à Dieu de faire tomber de fortes pluies pendant quarante jours, jusqu'au temps des moissons; d'où le vieux dicton qui prétend que s'il pleut pour la saint Médard (fête le 8 juin), il pleut pendant quarante jours. Patron des brasseurs, des laboureurs, des marchands de parapluie et des rosières.

MICHEL (saint)

Michel vient d'un mot hébreu signifiant qui est comme Dieu. Saint Michel est un archange, chef des légions célestes, vainqueur du démon dans l'Apocalypse de saint Jean. Il apparut à Jeanne d'Arc et l'envoya auprès de Charles VII. L'évêque d'Avranches, après une autre de ses apparitions, lui fit bâtir une église sur un îlot rocheux devenu l'actuel Mont-Saint-Michel. L'archange, que Dieu envoie arrêter le bras d'Abraham, ouvrir la mer Rouge devant Moïse ou aider Daniel à tenir tête aux lions dans la fosse, était prié (fête le 29 septembre) par les grands pécheurs d'intercéder en leur faveur pour écourter leur séjour en purgatoire.

MICHELINE (sainte)

Micheline est un dérivé de Michèle. Micheline, en Italie au début du XIVe siècle, mariée à 12 ans, veuve à 20, entra chez les franciscaines et donna sa fortune aux pauvres, à la grande colère de sa belle-famille qui la fit emprisonner. Ses gardiens, émus par sa détresse, la délivrèrent. Pour ne pas les dénoncer, Micheline prétendit avoir été délivrée par des anges. Elle mourut au retour d'un pèlerinage à Jérusalem. Sainte Micheline avait un défaut : la gourmandise. Aussi l'invoquaient celles qui y succombaient (fête le 19 juin).

Monique (sainte)

Monique vient du mot grec *monos*, l'unique. Sainte Monique, née à Carthage au IVe siècle, fut la mère de saint Augustin, qu'elle convertit. Elle était invoquée (fête le 27 août) par les mères qui désiraient ramener leurs fils dans le droit chemin.

Narcisse (saint)

Narcisse vient d'un mot grec désignant cette fleur, à partir de *narkos*, le sommeil. Saint Narcisse fut évêque de Rome au IIe siècle : élu à ce siège alors que déjà centenaire, il l'aurait occupé seize ans ! Il était invoqué (fête le 29 octobre) par ceux qui voulaient vivre vieux.

Nathalie (sainte)

Nathalie vient du latin *natalis*, jour de naissance, allusion à celui du Christ. Sainte Nathalie, au IVe siècle, vivait en Turquie où elle visitait les prisons afin de soigner les chrétiens qu'on y avait suppliciés. Elle l'aurait payé de sa vie, partageant le supplice de son époux, saint Adrien (voir ce prénom). Selon une autre légende, elle aurait réussi à s'enfuir à Constantinople, où elle aurait achevé ses jours dans la prière et la charité. Elle était invoquée (fête le 27 juillet) pour venir en aide aux blessés.

Sainte Nathalie aurait, au IXe siècle à Cordoue, ville musulmane, subi le martyre en compagnie de son époux saint Aurèle. Elle avait caché qu'elle était chrétienne jusqu'à ce qu'elle voit un coreligionnaire fouetté en public. Elle osa alors, par défi, se promener sans son voile islamique, et fut décapitée.

NESTOR (saint)

Nestor est le prénom d'un vieux roi, dont la vie couvre trois générations, héros de la guerre de Troie, et qui tente, en vain, de réconcilier les Grecs entre eux. Saint Nestor, évêque en Turquie au IIIe siècle, condamné à être crucifié, demanda à Dieu, alors que ses bourreaux l'emmenaient au supplice, de faire cesser la pluie, afin que ces derniers ne soient pas mouillés ! Depuis, saint Nestor (fête le 26 février) est invoqué pour faire cesser la pluie.

NICOLAS (saint)

Nicolas vient du grec *niké*, la victoire, et de *laos*, le peuple. Saint Nicolas, évêque de Myre, en Turquie au IVe siècle, entra un jour chez un aubergiste qui venait d'égorger, de découper et de mettre au saloir de trois jeunes enfants afin de les donner à manger à ses clients. Saint Nicolas ressuscita les petits, après en avoir recollé les morceaux épars, et pardonna à l'aubergiste. Une autre fois, il fit parvenir à un homme ruiné une bourse pleine d'or afin qu'il renonce à son projet de prostituer ses trois filles pour subvenir aux besoins de sa famille. Saint

Nicolas, patron de la Russie et de la Lorraine, protecteur des enfants et des filles pauvres est invoqué lors des maladies infantiles (fête le 6 décembre).

OCTAVE (saint)

Octave vient du latin *octavius*, le huitième. L'Octave (ou Octavien) le plus célèbre est le petit-neveu de Jules César, qui devint empereur sous le nom d'Auguste. Saint Octavien fut, lui, un prêtre martyr de Carthage, au Ve siècle. Invoqué (fête le 20 novembre) pour hâter la cicatrisation des plaies.

ODILE (sainte)

Odile vient du germain *odo*, la richesse. Sainte Odile, à l'époque mérovingienne, naquit aveugle. Son père, comte d'Alsace, qui désirait un garçon, voulut la faire mettre à mort. Sa mère parvint à la mettre à l'abri dans un monastère. Baptisée, Odile recouvra miraculeusement la vue. Elle revint chez son père, qui, selon l'usage, voulut la marier. Odile dut encore s'enfuir dans un monastère, avant de revenir, enfin réconciliée avec son père qui lui offrit, pour se faire pardonner un château, sur le futur mont Saint-Odile. Elle en fit un monastère qu'elle dirigea et un hôpital où elle mourut en 720. Patronne de l'Alsace (fête le 13 décembre), elle était invoquée contre la varicelle et la cécité.

Odilon (saint)

Odilon est le masculin d'Odile. Au XIe siècle saint Odilon porta l'abbaye de Cluny à son apogée ; on lui doit la fête de la Toussaint. Il accompagnait les morts jusqu'au purgatoire (fête le 11 mai).

Omer (saint)

Omer vient du germanique *ald* l'ancien, et *ward* le garde. Saint Omer, moine du VIIe siècle, fonda le monastère qui a donné son nom à la ville bâtie autour. Saint Omer, aveugle à la fin de sa vie, était invoqué (fête le 9 septembre) pour rendre la vue aux aveugles ou… contre la constipation.

Pascal (saint)

Pascal signifie en latin l'homme de Pâques. Saint Pascal, né dans une famille de pauvres paysans en Espagne au XVIe siècle, devint un humble moine franciscain. Sa piété était telle qu'il pouvait guérir des malades en priant, ou faire tomber la pluie en cas de sécheresse, mais uniquement sur les champs des plus pauvres ! Il était invoqué (fête le 17 mai) contre les maux de gorge parce qu'il avait failli étrangler une jeune fille dans le corps de laquelle le diable s'était caché… Le diable se retira juste avant qu'elle n'expire sous la poigne de saint Pascal, qui ne badinait pas avec la chasteté !

Patricia (sainte)

Patricia est un dérivé féminin de Patrick. Sainte Patricia fut martyrisée au début du IVe siècle. On l'invoquait (fête le 13 mars) pour apaiser les disputes conjugales.

Patrick (saint)

L'origine de saint Patrick est obscure : était-il Franc, Écossais ou Gallo-Romain ? Il naquit vers 380, près de Boulogne-sur-mer, ou en Écosse. Son père était diacre et sa mère parente de saint Martin de Tours. À 16 ans, enlevé par des pirates, il fut vendu comme esclave en Irlande. Au bout de six ans, il s'enfuit en Écosse, et décida d'évangéliser les païens irlandais. Auparavant, il étudia dans les monastères de Marmoutier (Touraine) et de Lérins (Méditerranée). À 40 ans passés il partit pour l'Irlande, malgré l'opposition de sa famille et des évêques, qui jugeaient son entreprise téméraire. Il s'adressa d'abord aux chefs de clans ; il en convertit plusieurs, et avec eux un grand nombre de guerriers. Pendant vingt ans, menant une vie aussi austère qu'exemplaire, il établit des couvents, bâtit des églises, ordonna des prêtres. Il mourut vers 465, après avoir évangélisé presque toute l'Irlande, et réconcilié entre eux les chefs de clans. Il donna aux Irlandais le trèfle comme emblème : il l'utilisait pour symboliser la sainte Trinité (fête le 17 mars).

Les saints protecteurs

Martyre de saint Pierre et de saint Paul, d'après un vitrail de la cathédrale de Bourges (XIIIe siècle). – PAGES 122 et 123

Paul (saint)

Paul vient du latin *paulus*, faible. Saül persécutait les chrétiens en Palestine jusqu'à ce que, sur le chemin de Damas, une vive clarté l'aveugle et le jette à bas de son cheval. Arrivé à Damas, il se fait baptiser, devient Paul, recouvre la vue, rencontre les apôtres et parcourt l'empire romain en prêchant jusqu'à ce que Néron le fasse arrêter et décapiter en 67 (fête le 29 juin ; conversion le 25 janvier).

Saint Paul (fête le 15 janvier), ermite au IIIe siècle en Égypte, était invoqué contre les morsures de serpent.

Un saint Paul (fête le 8 février), conseiller du roi Dagobert et évêque de Verdun au VIIe siècle, patron des boulangers, était invoqué lorsqu'on n'avait pas de bois pour se chauffer.

Saint Paul de Narbonne (fête le 22 mars), évangélisa au IIIe siècle le sud-ouest de la Gaule ; il était invoqué contre la folie douce et la mélancolie.

Saint Paul de la Croix (fête le 19 octobre), au XVIIIe siècle, fonda en Italie un ordre de missionnaires ; il était invoqué par les étudiants passant un examen.

Philibert (saint)

Philibert est la germanisation de Philippe. Saint Philibert (ou Philbert) fonda, au VIIe siècle, les monastères de Jumièges et de Noirmoutier. Il était invoqué (fête le 20 août) contre les angines.

Philippe (saint)

Philippe vient des mots grecs *philein*, aimer, et *hippos*, cheval. Saint Philippe fut l'un des douze apôtres. Venu de Galilée, il évangélisa les Scythes qui le crucifièrent, la tête en bas. Il était invoqué (fête le 3 mai) par les boiteux, et contre les serpents ; il était aussi protecteur des chapeliers.

Saint Philippe Néri, au XVIe siècle, enseignait l'Évangile dans les bouges ; déjà quadragénaire, il devint prêtre et fut le confesseur à la mode à Rome (fête le 26 mai). Il fonda l'ordre des Oratoriens, spécialisés dans l'éducation des jeunes gens de bonne famille.

Pierre (saint)

Pierre vient du latin *petra*, la pierre. Saint Pierre, pêcheur sur le lac de Tibériade, quitta tout pour suivre Jésus, avec son frère André. Jésus le désigna comme chef des apôtres. À sa mort, il prêcha à Jérusalem, puis en Samarie, à Antioche et à Rome, dont il fut le premier évêque (et le premier pape) et mourut sous le règne de Néron. Condamné à être crucifié, il demanda à ce que ce soit la tête en bas, par humilité par rapport au Christ. Patron des banquiers, des menuisiers, de ceux qui vivent du poisson et des tailleurs de pierre, il était invoqué (fête le 29 juin) pour attendrir les… cors au pied.

Saint Pierre d'Alcantara (fête le 19 octobre), de noblesse espagnole, au XVIe siècle, abandonna gloire et richesse pour devenir franciscain. Mystique, en proie à des extases, il réforma une branche de son ordre, imposant encore plus de rigueur, et aida sainte Thérèse d'Avila à réformer le carmel.

PRISCILLA (sainte)

Priscilla est un dérivé de Prisca, prénom latin issu du mot *priscus*, ancien. Sainte Priscilla, ou Priscille, au Ier siècle, aurait été martyrisée pour avoir accueilli saint Pierre. Elle était invoquée (fête le 18 janvier) lors des crises de folie.

PROSPER (saint)

Prosper vient du latin *prosperus*, prospère, favorable. Saint Prosper, originaire d'Aquitaine, évêque en Italie au Ve siècle, aida le pape à combattre des hérésies. Il aimait à s'exprimer en vers. Patron des poètes, il était invoqué (fête le 25 juin) par les muets pour combattre leur infirmité.

QUENTIN (saint)

Quentin vient du latin *quintus*, le cinquième. Saint Quentin, issu d'une grande famille romaine, s'installa vers Amiens au IIIe siècle afin de l'évangéliser. Un chef franc le fit percer avec des broches du cou aux cuisses, puis lui enfonça des clous rougis au feu dans le crâne, avant de le décapiter. Le lieu de son supplice est devenu Saint-Quentin (Aisne). Il était invoqué contre la toux (fête le 31 octobre).

RACHEL (sainte)

Rachel vient d'un mot hébreu signifiant brebis. Rachel est la seconde épouse de Jacob qui malgré son amour pour elle, doit épouser en premières noces Léa, sa sœur aînée, après avoir été trompé par Laban, père des deux jeunes filles. De Jacob, Rachel a deux fils, Joseph, et Benjamin. Sainte Rachel était la patronne des mutilés de guerre.

RAPHAËL (saint)

Raphaël, siginifiant Dieu nous guérit en hébreu, est l'un des sept archanges de la Bible ; il guérit Tobie devenu aveugle, et délivre Sara d'un démon qui l'avait rendue sept fois veuve. Saint Raphaël était patron des voyageurs (fête le 29 septembre).

RAYMOND (saint)

Raymond vient du germanique *rad*, conseil, et *mund* protection. Saint Raymond de Penafort (Catalogne) fut, au XIIIe siècle, général des Dominicains et évêque de Barcelone. Il appartenait à la famille des rois d'Aragon, ce qui ne l'empêchait pas d'être exigeant avec eux : Jacques Ier s'étant rendu dans l'île de Majorque (où le saint séjournait alors) avec sa maîtresse, Raymond exigea son départ. Le roi ayant refusé, il décida de regagner, lui, le continent. N'ayant pas de bateau, il jeta son manteau sur l'eau, y planta son bâton comme mât, releva un pan du manteau pour faire voile, et gagna Barcelone en six heures ! Patron des théologiens (fête le 7 janvier), il était invoqué contre le hoquet, et les naufrages.

Saint Raymond Nonnat (fête le 31 août), chef au XIIIe siècle d'un ordre monastique espagnol chargé de racheter les chrétiens prisonniers des musulmans s'offrit lui-même en otage. Pour l'empêcher de convertir ses geôliers, on lui ferma la bouche avec un cadenas jusqu'à la remise d'une rançon. Il était invoqué par ceux qui étaient injustement emprisonnés.

Saint Raymond Lulle (fête le 3 juillet) moine franciscain espagnol du XIIIe siècle fut alchimiste, philosophe et missionnaire. Octogénaire, il se rendit en Algérie pour prêcher ; la population le lapida.

Reine (sainte)

Reine vient du latin *regina*, la reine. Sainte Reine, bergère dans la région d'Autun au IIIe siècle, repoussa les assauts d'un gouverneur romain. De dépit, parce qu'elle était chrétienne, il la fit martyriser en lui faisant appliquer des fers rouges sur sa peau, dont elle guérit miraculeusement. Il dut la décapiter. Reine (son martyre eut lieu à Alise-

Sainte-Reine, emplacement supposé d'Alésia), patronne des charpentiers, était invoquée (fête le 7 septembre) contre l'impétigo et autres affections de la peau.

Une autre sainte Reine (fête le 1er juillet) est fêtée à Denain comme fondatrice de cette ville.

La légende de saint Nicolas, d'après un vitrail de la cathédrale de Bourges (XIIIe siècle). – PAGE 117

Régis (saint)

Régis vient du latin *rex*, roi. Saint Jean-François Régis (devenu saint Régis), jésuite narbonnais prêcha, au XVIIe siècle, les protestants cévenols. Il mourut lors d'une tempête de neige à La Louvesc (Ardèche), lieu de pèlerinage. On l'invoquait (fête le 16 juin) pour la rédemption des prostituées.

Rémi / Rémy (saint)

Rémi vient du latin *remedius*, celui qui guérit (d'où remède). Saint Rémi, d'origine gauloise, évêque de Reims, sut, au VIe siècle, convaincre Clovis de se convertir au catholicisme et de placer son administration sous l'autorité de l'Église (les évêques faisaient alors office de préfets). Saint Rémi de Reims était invoqué (fête le 15 janvier) par ceux qui cherchaient un emploi.

Un saint Rémi (fête le 19 janvier), bâtard de Charles Martel, fut évêque de Rouen au VIIIe siècle.

Richard (saint)

Richard vient du germanique *ric*, puissant, et *hard*, fort. Saint Richard, au XIIe siècle, né dans une famille modeste, devint chancelier de l'université d'Oxford et évêque ; il eut à résister à l'hostilité du roi d'Angleterre qui cherchait à restreindre les pouvoirs du clergé. Patron des charretiers, il était invoqué (fête le 3 avril) contre le paludisme.

Rita (sainte)

Rita est un diminutif de Marguerite. Sainte Rita, dans l'Italie au XVe siècle, après la disparition tragique de son mari (qui la battait) et de ses deux fils, entra au couvent. Patronne des charcutiers, elle était invoquée (fête le 22 mai) lors des cas désespérés.

Robert (saint)

Robert vient du germanique *hrod*, la gloire, et *behrt*, illustre. Saint Robert de Molesme, né près de Troyes au XIe siècle, fut moine en Bourgogne ; il fonda à Cîteaux la première abbaye cistercienne, avant de retourner sur ordre du pape à Molesme, son premier ermitage, pour y remettre les moines dans le chemin de rigueur qu'il avait tracé, et y mourir en 1110 (fête le 30 avril).

Un autre saint Robert, au XIe siècle, se fit lui aussi ermite, mais dans le Massif central, où il fonda l'abbaye de la Chaise-Dieu. On l'invoquait pour ne pas se perdre dans la nuit noire.

Roch (saint)

Roch vient du latin *rocca*, la pierre. Saint Roch, né à Montpellier au XIVe siècle, mena une vie errante, au service des pèlerins et des pestiférés. Patron des chirurgiens et des employés de pompes funèbres, il était invoqué (fête le 16 août) par les marcheurs qui avaient mal aux genoux.

ROLAND (saint)

Roland vient du germanique *hrod*, la gloire, et *land*, le pays. Saint Roland, au XIVe siècle, dans les forêts du nord de l'Italie, vécut pendant un quart de siècle, ne se nourrissant que de fruits et d'herbes crues, sans prononcer un mot, restant en extase pendant plusieurs heures face au ciel, en équilibre sur une jambe. Ramené de force à la civilisation par des chasseurs, il mourut peu après ; on s'aperçut alors qu'il était de la prestigieuse famille des Médicis. Il était invoqué (fête le 15 septembre) pour avoir du beau temps car, prétendait-on, Dieu, parce qu'il vivait nu, sans abri, n'avait ni fait geler ni fait trop pleuvoir tout le temps qu'avait duré son ermitage.

ROMAIN (saint)

Romain vient du latin *romanus*. Saint Romain, ermite dans les forêts du Jura au Ve siècle, édifia avec ses disciples un monastère autour duquel s'éleva Saint-Claude (fête le 28 février).

Autre saint Romain (fête le 23 octobre) un évêque de Rouen au VIIe siècle. Patron des colporteurs, il était invoqué contre la noyade et l'épilepsie.

ROMUALD (saint)

Romuald vient du germanique *hrod*, gloire, et *walden*, régner. Saint Romuald, fils du duc de Ravenne au XIe siècle, fut témoin d'un crime commis par son père ; il l'expia à sa place et partit vivre en ermite dans les Pyrénées. Il était invoqué (fête le 19 juin) afin que des proches dont on était sans nouvelles se manifestent.

Rose (sainte)

Rose vient du latin *rosa*, la rose. Sainte Rose de Lima, au XVIe siècle, une dominicaine issue d'une riche famille, vécut dans l'austérité et le mysticisme. Patronne de l'Amérique du Sud, elle était invoquée (fête le 23 août) contre l'eczéma et la toux.

Sabine (sainte)

Sabine vient du latin *sabinus* ; les Sabins étaient voisins des Romains lesquels, pour peupler Rome, enlevèrent leurs femmes. Sainte Sabine, vierge romaine, fut martyrisée au IVe siècle pour avoir donné une sépulture à sa servante chrétienne (fête le 29 août). Elle était invoquée contre les cauchemars.

Autre sainte Sabine (fête le 8 décembre), une Anglaise du VIIIe siècle qui chercha à s'enfuir à Rome pour se faire religieuse. Le noble qui voulait l'épouser contre son gré la rattrapa et l'assassina.

Sara / Sarah (sainte)

Sarah est un mot hébreu signifiant reine. Sara, malgré ses 90 ans, eut d'Abraham, 99 ans, un fils,

Isaac, comme un ange le lui avait annoncé. Sainte Sarah était invoquée par les femmes stériles. Sainte Sarah, la patronne des Gitans aux Saintes-Maries-de-la-Mer, serait, selon la légende, la servante noire de Marie Madeleine, Marie Jacobé et Salomé.

SATURNIN (saint)

Saturnin vient de Saturne, dieu romain du temps. Saint Saturnin, martyrisé au IIIe siècle (livré à un taureau dans les arènes), fut le premier évêque de Toulouse (fête le 29 novembre). Il était invoqué lorsqu'on avait les mains gonflées et des engelures, ou lorsque l'on était chargé par un taureau.

SÉBASTIEN (saint)

Sébastien vient d'un mot grec signifiant honoré. Saint Sébastien, officier originaire de la Narbonnaise, fut martyrisé à Rome au IVe siècle. Percé de flèches et laissé pour mort, il fut recueilli et soigné par une Romaine. Puis il se rendit auprès de l'empereur Dioclétien pour lui demander de libérer les chrétiens. L'empereur le fit fouetter à mort. Une autre femme recueillit son corps et l'enterra là où s'élève la basilique qui porte son nom. Patron des archers (puis des policiers) et des ferrailleurs, il était invoqué (fête le 20 janvier) contre la poliomyélite et la paralysie des membres.

Ségolène (sainte)

Ségolène, prénom du Sud-Ouest, vient du celtique *ségal*, seigle. Sainte Ségolène, au IXe siècle, était fille et épouse de seigneurs d'Aquitaine. Veuve, elle entra en religion. Sainte Ségolène (fête le 24 juillet) était la protectrice des veuves.

Serge (saint)

Serge, en russe Sergueï, viendrait du latin *serica*, fait en soie. Serge, soldat de l'armée romaine, fut fouetté à mort en Syrie au IIIe siècle pour ne pas avoir voulu sacrifier aux dieux, et après avoir dû traverser la ville déguisé en femme et chaussé de souliers garnis de pointes à l'intérieur. Il était invoqué (fête le 7 octobre) contre le mal aux pieds et par ceux qui assumaient difficilement leur virilité.

Saint Serge, né en Russie au XIVe siècle dans une famille noble, se fit ermite, puis bâtisseur de monastères. Il aida, par ses conseils, les princes russes à chasser de la domination mongole, et à reconnaître la primauté du grand-duc de Moscovie.

Sibylle (sainte)

La sibylle, chez les Grecs, était la femme qui, dans les temples, prédisait l'avenir. Sainte Sibylle, au XIVe siècle, orpheline italienne devenue aveugle

Saint Roch (à ses pieds le chien qui lui apportait de la nourriture, quand il eut la lèpre) et la vierge, sur la bannière d'une léproserie flamande du XVIe siècle. – *PAGE 129*

et recueillie par des dominicaines, guérissait par imposition des mains. Elle était invoquée (fête le 23 mars) pour améliorer la vue.

SIMÉON (saint)

Siméon (comme Simon) signifie en hébreu celui qui obéit à Dieu. Saint Siméon était un cousin germain de Jésus. Il devint évêque de Jérusalem derrière à son frère saint Jacques et mourut martyrisé à 120 ans : on le fouetta puis on le crucifia. Il était invoqué (fête le 18 février) pour vivre longtemps.

Autre saint Siméon (fête le 5 janvier), dit le stylite, un berger turc du IVe siècle qui, d'abord ermite dans le désert, s'imposa de telles privations et mortifications que des moines refusèrent ensuite de le recevoir parmi eux. Installé alors à Antioche, il se fit murer, pendant quarante jours, sans eau et sans pain dans une cellule, avant de s'installer au sommet d'une colonne, exposé au soleil, au froid et au vent, et de s'y tenir debout, pendant plusieurs années, jusqu'à sa mort.

SIMON (saint)

Simon veut dire en hébreu celui qui obéit à Dieu. Selon d'autres sources, ce sera un dérivé germanique de *sig*, victoire, et *mund*, protection. Saint Simon (le Cananéen) est l'un des douze apôtres, à ne pas confondre avec Simon Pierre (saint Pierre).

Après la Pentecôte, il serait parti évangéliser le nord de l'Afrique, ou la Grande-Bretagne. Selon une autre légende, il serait allé jusqu'en Perse, où on l'aurait mis à mort sur une planche et en le sciant dans le sens de la longueur. Saint Simon était le patron de ceux qui travaillaient le cuir. Il était invoqué (fête le 28 octobre) contre les morsures de serpent.

SOLANGE (sainte)

Solange vient du latin *solemnis*, solennel. Sainte Solange, au IXe siècle, gardait les moutons vers Bourges. Un hobereau, passant par là, voulut attenter à sa virginité ; elle pria et des trombes d'eau rafraîchirent les ardeurs de son agresseur qui, de rage, trancha d'un coup d'épée la tête de la bergère. Elle était invoquée pour faire tomber la pluie ; elle était aussi protectrice des enfants (fête le 10 mai).

SOLÈNE (sainte)

Solène (ou Solemne, ou Soline) a la même racine que Solange. Sainte Solène, au IIIe siècle, était une jeune fille de Gascogne promise à un seigneur païen dont elle ne voulait pas. Elle s'enfuit pour lui échapper, mais il la retrouva à Chartres, et la décapita. On notera les similitudes entre cette légende et celle de Solange. Elle était invoquée (fête le 17 octobre) contre les escarres.

Sosthène (saint)

Saint Sothène, au IVe siècle, était bourreau en Chalcédoine ; chargé d'exécuter sainte Euphémie, il fut subjugué par son courage et se fit baptiser, pour être, à son tour, martyrisé, passant de l'état de bourreau à celui de victime, non sans avoir démontré, dans l'arène où on l'avait jeté, son pouvoir sur les fauves, qui refusèrent de le dévorer, obligeant ses anciens confrères à le décapiter. Patron des dompteurs, il était invoqué (fête le 20 mars) contre les attaques des bêtes sauvages.

Stanislas (saint)

Stanislas vient d'un mot slave signifiant se dresser glorieusement. Saint Stanislas, fils d'un noble polonais, évêque de Cracovie au XIe siècle, excommunia, à la suite d'une querelle, le roi de Pologne qui, pour se venger, le fit dépecer sur son autel. Il était invoqué (fête le 11 avril) contre les coupures.

Suzanne (sainte)

Suzanne vient d'un mot hébreu signifiant la rose, ou le lis. Sainte Suzanne vivait sous le règne de Dioclétien, au IIIe siècle. Il voulut la marier à Maximien, son successeur ; elle annonça qu'elle était chrétienne. Il la fit égorger (fête le 11 août).

Autre sainte Suzanne, une Japonaise persécutée à Nagazaki comme chrétienne au XVIIe siècle ; on la pendit par les cheveux à une potence pendant une journée avant de la décapiter. Elle était invoquée contre la chute des cheveux.

La première Suzanne est celle de la Bible : surprise en train de se baigner par deux vieux juges, elle les repoussa, indignée ; ils se vengèrent en l'accusant d'adultère. Il fallut l'intervention d'un jeune homme pour les confondre ; ils furent lapidés.

THÉODORA (sainte)

Théodora est le féminin de Théodore. Sainte Théodora, (fête le 11 septembre) fut, au Ve siècle, une dame de la haute société d'Alexandrie qui avoua à son mari ses infidélités, lequel lui pardonna ; reconnaissance, elle se comporta en femme vertueuse tout le restant de sa vie.

Une autre sainte Théodora (fête le 28 avril), au comportement encore plus exemplaire, elle aussi d'une bonne famille d'Alexandrie fut, au IVe siècle, une jeune fille que le gouverneur, parce qu'elle était chrétienne et chaste, envoya dans un lieu de débauche. Son premier visiteur fut un soldat, saint Didyme, qui lui proposa d'échanger leurs habits. Théodora, déguisée en légionnaire, put ainsi s'enfuir. Didyme, lui, fut arrêté et envoyé à l'échafaud, sur le chemin duquel Théodora le vit passer. Elle se jeta aux pieds du gouverneur et demanda à mourir à sa place. Le gouverneur trancha… en les faisant décapiter tous les deux !

Les deux saintes Théodora étaient invoquées par les femmes adultères qui en éprouvaient des remords.

THÉODORE (saint)

Théodore vient du grec *theodoros*, don de Dieu. Saint Théodore, légionnaire converti au christianisme dans l'armée romaine en garnison en Turquie au IVe siècle, fut martyrisé pour avoir incendié un temple païen dédié à Cybèle : on lui ouvrit le ventre avant de le brûler (fête le 9 novembre). Il était invoqué, supplice oblige, avant les opérations de l'appendicite.

Un autre saint Théodore, lui aussi soldat, mais général, à la même époque, aurait été crucifié pour s'être opposé à l'arrestation de légionnaires chrétiens servant sous ses ordres. Il était le protecteur des soldats de tous grades.

Autre saint Théodore, un évêque de Libye au IVe siècle, auquel on avait coupé la langue pour l'empêcher de prêcher ; mais, miraculeusement, il n'en retrouvait pas moins sa voix pour faire ses sermons. Il était le patron des comédiens.

THÉRÈSE (sainte)

Sainte Thérèse d'Avila (fête le 15 octobre) née en 1515 à Avila en Castille, entra au carmel, dont elle durcit la règle. Elle était sujette à des extases mystiques au cours desquelles, de son propre aveu, elle s'évanouissait de plaisir, au point que les théologiens la soupçonnèrent de diabolisme. Elle mourut en 1582.

Sainte Thérèse de Lisieux (fête le 1er octobre) née à Alençon en 1873 dans une famille modeste, entra au carmel à 15 ans, où se trouvaient deux de ses sœurs. Elle n'eut guère le temps de faire épanouir autour d'elle son mysticisme et sa piété : elle mourut de tuberculose à 24 ans.

THIBAUD (saint)

Thibaud (ou Thibaut) vient du germanique *theud*, le peuple, et de *bald*, courageux. Saint Thibaud, au XIIIe siècle, ancien chevalier de Philippe Auguste, fut abbé au monastère des Vaux de Cernay. Ce serait grâce à ses prières que saint Louis, que l'on croyait stérile, aurait eu des enfants. Il était invoqué (fête le 8 juillet) contre la stérilité.

THIERRY (saint)

Thierry vient du latin *Theodoricus*, prénom issu du germanique *theud*, peuple, et *ric*, puissant.

Saint Thierry était, au VIe siècle, le fils d'un chef de brigands qui écumaient la Champagne et la Lorraine. Le bandit voulant obliger son fils à se marier, celui-ci s'enfuit près de Reims où, après avoir été ermite (et converti ses père et frères), il fonda un monastère grâce aux dons du roi Thierry Ier d'Austrasie, qu'il avait guéri d'un furoncle à l'œil. Il était invoqué (fête le 1er juillet) contre les orgelets.

THOMAS (saint)

Thomas vient d'un mot hébreu signifiant le jumeau. Thomas est l'apôtre incrédule qui, pour croire en sa résurrection, mit son doigt dans les plaies du Christ. Il serait ensuite parti évangéliser en Orient, et aurait été martyrisé à Madras (fête le 3 juillet). Il était le patron des experts de justice.

Saint Thomas d'Aquin (fête le 28 janvier) est un grand théologien qui enseigna à Paris sous le règne de saint Louis. Patron des libraires, il était invoqué pour ne pas succomber à la luxure : quand il était jeune, ses frères, qui s'opposaient à sa vocation religieuse, l'enfermèrent en compagnie d'une prostituée d'une grande beauté ; pour la repousser, saint Thomas brandit un tison en direction du visage de la belle impure, qui s'enfuit par la fenêtre.

Saint Thomas Becket (fête 29 décembre), au XIIe siècle, chancelier et ami du roi d'Angleterre

Henri II, s'opposa à lui lorsqu'il devint archevêque ; furieux de le voir préférer l'honneur de Dieu au sien, Henri II le fit assassiner dans sa cathédrale de Cantorbéry, devant l'autel, et pour ce crime, fut flagellé, au même endroit, par des moines.

URSULE (sainte)

Ursule vient du latin *ursus*, l'ours. Princesse d'Écosse du IVe siècle, sainte Ursule fut fiancée par son père au roi d'Angleterre ; elle dut alors lui avouer qu'elle avait fait, avec onze mille vierges, le vœu de chasteté, et que pour s'en défaire, il lui fallait, avec ses compagnes, faire un pèlerinage en Germanie (elle voulait, en vérité, fonder un monastère dans la région de Cologne). Aussi le roi d'Écosse mit-il à leur disposition une flotte de vaisseaux. Mais parvenues en Germanie, les onze mille vierges furent massacrées par les Huns… Patronne des institutrices, elle était invoquée (fête le 21 octobre) par ceux qui voulaient mourir subitement…

VALENTIN (saint)

Valentin désignait un originaire de Valence (Espagne). Valentin vient aussi du latin *valens*, la vigueur. Saint Valentin, au IIIe siècle, était évêque (ou médecin) en Italie et avait déjà accompli plusieurs miracles quand un philosophe païen lui demanda de sauver son fils malade. Valentin accepta à une condition : si l'enfant guérissait, toute la famille se convertirait. Ce qui fut fait. L'apprenant, le préfet de Rome fit mettre à mort Valentin. Il était le patron des apiculteurs, et des amoureux, à cause de la lune… de miel (fête le 14 février).

Guérison par intercession d'un saint guérisseur (gravure de Holbein, 1577).

Le second Valentin, honoré le même jour, est l'apôtre du Tyrol, qui le reconnaît pour patron. Belge ou Anglais de naissance, il consacre sa vie à la conversion des peuples païens qui habitent les Alpes et les rives du Danube. Il meurt vers 470, et son corps est transporté à Passau, en Bavière.

VALÉRIE (sainte)

Valérie est le féminin de Valéry. Sainte Valérie, au IIIe siècle, vit son époux, saint Vital, jeté dans un puits à Ravenne et lapidé parce que chrétien ; cela n'entama pas sa foi. Elle fut torturée et tuée à son tour (fête le 28 avril).

Une autre sainte Valérie (fête 10 décembre), convertie au IIIe siècle par saint Martial à Limoges fut égorgée par son fiancé païen parce qu'elle refusait de l'épouser. Ses reliques, à l'abbaye de Chambon (Creuse) guérissaient qui les touchait. Elle était invoquée contre les maux de gorge, et par les célibataires qui cherchaient une femme.

VALÉRY (saint)

Valéry vient du verbe latin *valere*, être courageux. Saint Valéry, originaire d'Auvergne, fonda au VIIe siècle un monastère en Picardie. Patron des mariniers, il était invoqué (fête le 1er avril) contre l'artérite, qu'il soignait par imposition des mains.

VÉRONIQUE (sainte)

Véronique vient du latin *verus*, ce qui est vrai, et du grec *icon*, l'image. Sainte Véronique (qui auparavant s'appelait Bérénice) essuya le visage ensanglanté du Christ, lors de son chemin de croix. Sur le linge apparut le visage du Christ, le *Verum Icon*, d'où Véronique. Elle épousa le riche Zachée et avec lui, partit évangéliser l'Europe. Elle mourut à Soulac, où ses reliques faisaient l'objet de pèlerinages (fête le 4 février), et Zachée à Rocamadour.

VICTOR (saint)

Victor vient du latin *victor*, victorieux. Saint Victor était, au IIIe siècle, confident de l'empereur qui, ayant appris qu'il était chrétien, le fit traîner sur le dos dans les rues de Marseille, où il était en garnison, puis enfermer. Victor convertit ses trois geôliers, aussitôt décapités. Victor fut broyé par des meules à moudre le grain. Patron des meuniers, il était invoqué par les boiteux (fête le 21 juillet).

VINCENT (saint)

Vincent vient du verbe latin *vincere*, vaincre. Saint Vincent (fête 22 janvier) était, au IIIe siècle, prédicateur en Espagne. Le gouverneur lui fit déchirer les muscles avec des crochets et brûler à petit feu, tandis qu'il continuait, jusqu'au dernier soupir, à chanter des psaumes. Il était invoqué par les chanteurs pour garder leur voix. Il était aussi invoqué contre les maux de ventre car, lors de son supplice, on l'éventra afin que des corbeaux viennent becqueter ses entrailles ; mais les corbeaux se précipitèrent sur les bourreaux et leur crevèrent les yeux.

Saint Vincent de Paul (fête le 27 septembre) né dans les Landes en 1581 dans une famille de pauvres paysans vendit ses deux bœufs d'héritage pour payer ses études et devenir prêtre. Aumônier de la reine Margot, il s'intéressa aux miséreux et aux galériens. Il fonda la Congrégation des filles de la Charité. Il mourut d'épuisement en 1660.

- II -

Les anges gardiens

L'ANGÉOLOGIE EST LA SCIENCE DES ANGES comme la démonologie est celle des démons. Anges et démons procèdent du même substrat spirituel qui se divise en Bien pour les anges et en Mal pour les démons. Les armées angéliques ne sont pas moins nombreuses que les légions diaboliques.

La Bible cite trois archanges : – Michaël (ou Michel), prince des armées du ciel ; l'Église en fait son défenseur et le patron de la chevalerie ; en revanche, la chevalerie templière s'est réclamée de Notre Dame et de saint André. Le culte de Michaël combattant le Dragon s'est développé en Occident aux Ve et VIe siècles. – Gabriel, héraut de Dieu. – Raphaël, archange des guérisons.

Selon la tradition hébraïque de l'Ancien Testament, les Anges forment des armées innombrables à partir desquelles on a établi une hiérarchie angélique en trois ordres et neuf chœurs (le premier de ces commentateurs est Denys, premier évêque de Paris au IIIe siècle). Mais en Égypte, les anciens gnostiques invoquaient déjà les sept archanges.

Les anges sont commandés par l'Éternel des Armées, Jéhovah, ou Yahvé, qui apparaît comme un démiurge despotique. La Tradition opère un net distinguo entre les démons, esprits mauvais, et Satan, ange déchu toujours soumis à l'autorité de Dieu pour imposer aux hommes les épreuves terrestres.

Les anges ont-ils une *corporalité* ? La querelle sur le sexe des anges, qui déchira l'Église byzantine, est toujours d'actualité. La Bible elle-même offre une contradiction entre Ancien et Nouveau Testament. D'une part, la Genèse formule clairement que les fils de Dieu sont sexués [*Lorsque les hommes eurent commencé à se multiplier sur la terre, et que des filles leur furent nées, les fils de Dieu virent que les filles des hommes étaient belles, et ils en prirent pour femmes...* - Genèse VI, 1-2]. D'autre part, Jésus dit que les anges sont asexués [*Car à la résurrection, les hommes ne prendront point de femmes ni les femmes de maris, mais ils seront comme les anges de Dieu dans le ciel* - Mathieu XVIII, 30 - Marc XII, 25 - Luc XX, 35-36].

Il y a plusieurs sortes d'anges (du latin *angelus*, et du grec *angelos*, messager), reconnaissables à leur nombre d'ailes. Intermédiaires ailés entre Dieu et les hommes, êtres spirituels guides des humains, quelquefois chargés de la justice divine, tel l'ange exterminateur et son épée, mais aussi musiciens et hérauts ; il y a des séraphins, des chérubins et des archanges, comme Gabriel, qui annonce à Marie la naissance de Jésus. Les chérubins étaient pour les Hébreux les gardiens de l'arche d'alliance, au cœur du temple de Jérusalem. Les angelots, comme Éros, sont potelés et enfantins. Les anges incarnent la pureté, la beauté, la sérénité. Ils sont représentés avec des ailes, revêtus d'une armure, ou d'une robe blanche, peuvent être *crucifères* (porteurs de croix) ou *thuriféraires* (porteurs d'encensoir).

Selon les Chaldéens, sept Dieux conçurent les jours de la semaine. Les Égyptiens organisèrent leur calendrier selon un principe identique, associant entités célestes et fonctionnement terrestre ; on le retrouve dans la Bible où anges, archanges, séraphins, et chérubins président aux divers moments de la journée, de la semaine ou de l'année.

Pour parler à l'Éternel, les hommes, malhabiles et timorés, ont eu besoin d'intermédiaires de confiance. Les nymphes et les génies, puis les anges jouent ce rôle indispensable. Ces entités souvent associées au paganisme représentent un aspect, une fonction, céleste et spirituelle, pratique et humaine, de Dieu. Ainsi, les anges sont à l'image de Dieu qui lui-même créa l'homme à son image. C'est pourquoi les prêtres et théologiens chrétiens affirment que les anges sont *l'aspect intelligible* de Dieu.

Dans la tradition biblique, les anges portent tous un nom rappelant leur fonction mais aussi leur nature divine puisque le suffixe *El* est, dans les langues sémitiques, l'une des désignations masculines de Dieu. Lorsqu'on invoque l'ange Raphaël dont le nom signifie *guérisseur de Dieu*, ou Michaël dont le nom signifie *qui est comme El*, on prononce le nom sacré de Dieu, c'est-à-dire *El*. De même, lorsque l'on invoque les anges nommés Damabiah, Elemiah ou Lehahiah, ou autre ange dont le nom se termine par le suffixe *Iah*, on prononce également le nom sacré de Dieu sous sa forme féminine.

Le rôle des anges n'est pas de transformer le monde mais de donner un sursaut de courage dans les moments difficiles, de guider et de prévenir des épreuves à venir par intuition ou par des rêves. Les anges gardiens, appelés aussi entités tutélaires, doubles éthérés ou conscience, sont chargés de veiller sur les mortels. Ils ne déterminent jamais le destin mais aident à l'accomplir. Les anges se répartissent selon une hiérarchie qui les regroupe en neuf sortes d'entités (ou énergies célestes). Les plus proches de Dieu sont les Séraphins, puis les Chérubins, les Trônes, les Dominations, les Vertus, les Puissances, les Principautés, les Archanges et les Anges.

Les *Séraphins* sont associés au bleu sombre. Ils ont une énergie proche de la planète Neptune. Ce sont : Vehuiah, Jeliel, Sitaël, Elemiah, Mahasiah, Lelahel, Achaiah et Cahethel. Nom signifiant les *brûlants*, ils correspondent à une catégorie d'anges à six ailes, chargés des purifications ou exterminations par le feu. Les séraphins illustrent l'ardeur et le feu animant les serviteurs zélés, les porteurs de Lumière puis une partie de la Lumière elle-même

Les *Chérubins* sont associés au gris. Ils ont une énergie proche de la planète Uranus. Ce sont : Haziel, Aladiah, Lauviah, Hahaiah, Yezalel, Mebahel, Hariel et Hakamiah. Situés entre les trônes et les séraphins, les chérubins sont des entités célestes de second rang dans la hiérarchie angélique. On les représente comme des lions ailés à tête humaine. Après la chute d'Adam et Ève et le départ du jardin d'Éden, un chérubin armé d'une épée foudroyante fut désigné pour interdire l'accès du paradis perdu, posté à l'orient du merveilleux Jardin.

Les *Trônes* sont associés à l'indigo. Ils ont une énergie proche de la planète Saturne. Ce sont : Lauviah, Caliel, Lauviah, Pahaliah, Nelchaël, Yeaiël, Melahel et Hahiuiah.

Les *Dominations* sont associés au bleu. Ils ont une énergie proche de la planète Jupiter. Ce sont : Nith-Haiah, Haaiah, Yerathel, Séheiah, Reiyel, Omaël, Lecabel et Vasariah.

Les *Vertus* sont associés au rouge. Ils ont une énergie proche de la planète Mars. Ce sont : Yehuiah, Lehahiah, Chavakiah, Menadel, Aniel, Haamiah, Rehaël et Yeiazel. Leur domination s'étend sur le règne minéral.

Les *Puissances* sont associés à l'or. Ils ont une énergie proche du Soleil astrologique. Ce sont : Hahahel, Mikaël, Veuliah, Yelahaiah, Sealiah, Ariel, Asaliah et Mihaël.

Les *Principautés* sont associés au violet. Ils ont une énergie proche de la planète Vénus. Ce sont : Véhuel, Daniel, Hahasiah, Imamiah, Nanaël, Nithaël, Mebaiah et Poiël. Leur domination s'étend sur le règne végétal.

Les *Archanges* sont associés au vert, ont une énergie proche de la planète Mercure. Leur domination s'étend sur le règne animal. Au faîte de la hiérarchie angélique car placés à proximité de Dieu, les sept archanges ont pour noms Michel, Gabriel, Anaël, Raphaël, Samaël, Cassiel et Sachiel. La tradition populaire leur accorde des pouvoirs que les Écritures mentionnent peu. Gabriel, Michel, Azraël et Israfil sont les archanges reconnus par l'islam.

Les *Anges* sont associés à l'argent. Ils ont une énergie proche de la Lune astrologique. Ce sont : Damabiah, Manakel, Ayaël, Habuiah, Rochel, Yabamiah, Haiaiël et Mumiah. Leur domination s'étend sur les hommes.

Choix de l'ange gardien selon son jour de naissance

72 anges gardiens se répartissent les 365 jours de l'année, à partir du jour de l'équinoxe de printemps, moment où le soleil se trouve sur le premier degré du signe du Bélier. Selon votre jour de naissance, identifiez votre ange gardien à partir de la liste suivante, et reportez-vous à sa fiche alphabétique. Vous pouvez aussi, après avoir lu les fiches, en sélectionner un autre, dont les pouvoirs répondent mieux à votre situation présente.

Du 21 au 25 mars : Vehuiah.
Du 26 au 30 mars : Jeliel.
Du 31 mars au 4 avril : Sitaël.
Du 5 au 9 avril : Elemiah.
Du 10 au 14 avril : Mahasiah.
Du 15 au 20 avril : Lelahel.
Du 21 avril au 25 avril : Achaiah.
Du 26 avril au 30 avril : Cahethel.
Du 1er mai au 5 mai : Haziel.
Du 6 mai au 10 mai : Aladiah.
Du 11 mai au 15 mai : Lauviah (1).
Du 16 mai au 20 mai : Hahaiah.
Du 21 mai au 26 mai : Yezalel.
Du 27 mai au 31 mai : Mebahel.
Du 1er juin au 5 juin : Hariel.
Du 6 juin au 10 juin : Hekamiah.

Du 11 juin au 15 juin : Lauviah (2).
Du 16 juin au 21 juin : Caliel.
Du 22 juin au 26 juin : Leuviah.
Du 27 juin au 1er juillet : Pahaliah.
Du 2 juillet au 7 juillet : Nelchaël.
Du 8 juillet au 12 juillet : Yeaiël.
Du 13 juillet au 17 juillet : Melahel.
Du 18 juillet au 22 juillet : Haheuiah.
Du 23 juillet au 28 juillet : Nith-Haiah.
Du 29 juillet au 2 août : Haaiah.
Du 3 août au 7 août : Yerathel.
Du 8 août au 13 août : Séheiah.
Du 14 août au 18 août : Reiyel.
Du 19 août au 23 août : Omaël.
Du 24 août au 28 août : Lekabel.
Du 29 août au 2 septembre : Vasariah.
Du 3 septembre au 7 septembre : Yehuiah.
Du 8 septembre au 13 septembre : Lehahiah.
Du 14 septembre au 18 septembre : Khavakiah.
Du 19 septembre au 23 septembre : Menadel.
Du 24 septembre au 28 septembre : Aniel.
Du 29 septembre au 3 octobre : Haamiah.
Du 4 octobre au 8 octobre : Rehaël.
Du 9 octobre au 13 octobre : Yeiazel.
Du 14 octobre au 18 octobre : Hahahel.
Du 19 octobre au 23 octobre : Mikaël.
Du 24 octobre au 28 octobre : Veuliah.
Du 29 octobre au 2 novembre : Yelahaiah.

Les anges gardiens

Du 3 novembre au 7 novembre : Sealiah.
Du 8 novembre au 12 novembre : Ariel.
Du 13 novembre au 17 novembre : Asaliah.
Du 18 novembre au 22 novembre : Mihaël.
Du 23 novembre au 27 novembre : Véhuel.
Du 28 novembre au 2 décembre : Daniel.
Du 3 décembre au 7 décembre : Hahasiah.
Du 8 décembre au 12 décembre : Imamiah.
Du 13 décembre au 16 décembre : Nanaël.
Du 17 décembre au 21 décembre : Nithaël.
Du 22 décembre au 26 décembre : Mebahiah.
Du 27 décembre au 31 décembre : Poiël.
Du 1er janvier au 5 janvier : Nemamiah.
Du 6 janvier au 10 janvier : Yeialel.
Du 11 janvier au 15 janvier : Harahel.
Du 16 janvier au 20 janvier : Mitzraël.
Du 21 janvier au 25 janvier : Umabel.
Du 26 janvier au 30 janvier : Yah-hel.
Du 31 janvier au 4 février : Anauël.
Du 5 février au 9 février : Mehiel.
Du 10 février au 14 février : Damabiah.
Du 15 février au 19 février : Manakel.
Du 20 février au 24 février : Ayaël.
Du 25 février au 29 février : Habuiah.
Du 1er mars au 5 mars : Rochel.
Du 6 mars au 10 mars : Yabamiah.
Du 11 mars au 15 mars : Haiaiël.
Du 16 mars au 20 mars : Mumiah.

Invocation à un ange gardien

On invoque son ange gardien pour se sentir en sécurité et pour ne pas se sentir seul face aux difficultés de la vie. Une invocation consiste en une prière. C'est l'esprit serein que l'on interpelle – avec une familiarité qui n'exclut pas le respect – son ange gardien en prononçant distinctement chacune des syllabes de son nom. La vibration des noms sacrés a le pouvoir de mettre en relation avec l'ange appelé.

Une invocation à un ange commence par l'affirmation de la foi en Dieu. On cherche ensuite les mots qui conviennent à la situation. On lui explique de quel problème il est question, pour quelles maladies ou quel malheur on demande l'aide et l'intervention céleste. Pour terminer, on remercie les puissances du ciel, selon son cœur.

Bien qu'un lieu calme et isolé permette de mieux libérer son esprit, toute prière ou invocation à un ange peut être dite n'importe où et à tout moment. D'autre part, il est important de se souvenir qu'une prière régulière, même très courte mais sincère, permet de se trouver spontanément en harmonie avec l'entité céleste que l'on invoque. C'est la clé de la réalisation des demandes et de la réalisation des.espoirs.

Achaiah (séraphin)

Si vous êtes né du 21 avril au 25 avril, votre ange gardien est Achaiah, dont le nom signifie : *Dieu bon et patient.* Il encourage la vivacité mentale, l'intelligence et la réceptivité, favorise la compréhension. Achaiah est un messager céleste qui s'oppose au matérialisme, aide à combattre le désir effréné de possessions, l'envie d'accaparer ce qui appartient à d'autres. Il révèle les mystères de la nature, afin que l'on puisse s'harmoniser avec eux. Associé à la planète Mercure, il donne de l'habileté manuelle (il est responsable des bras et des doigts et parraine les artisans du bois et de la pierre), de la patience, et le goût du travail bien fait. Enfin, lorsqu'on l'invoque, il favorise l'ouverture d'esprit, l'amour de la liberté, la patience d'apprendre avant d'entreprendre et la persévérance.

Aladiah (chérubin)

Si vous êtes né du 6 mai au 10 mai, votre ange gardien est Aladiah, dont le nom signifie : *Dieu propice.* Il apporte à ceux qu'il parraine une lumière intérieure qui éclaire leur raison et leur intuition, leur permet d'éviter pièges de l'existence et mirages de l'idéalisme, et augmente leur capacité à utiliser les forces qu'ils possèdent en eux. Aladiah encourage aussi ceux qui veulent surmonter les difficultés et les détresses résultant d'un manque d'amour et d'harmonie. Il permet de lutter contre les dépressions, et exige le respect de soi-même. Ceux qui sont marqués par Aladiah privilégient les relations sociales. Associé à la planète Uranus, il veille au corps, à son hygiène et à son système immunitaire. Lorsqu'on l'invoque, il apporte son soutien pour se libérer de tendances autodestructrices liées à des culpabilités irraisonnées.

Anauël (archange)

Si vous êtes né du 31 janvier au 4 février, votre ange gardien est Anauël, dont le nom signifie : *Dieu infiniment bon*. Avec lui, on associe méthode et lucidité, discernement et logique. Il accorde aussi le goût de la précision associé au pragmatisme, permet dc lutter contre les mauvaises interprétations et les influences négatives de l'entourage. Au quotidien, Anauël apporte son soutien contre l'abus de confiance, et permet de s'opposer efficacement à ceux qui utilisent la sensibilité et la compassion pour tricher dans les relations sociales ou sentimentales. Il apporte à ceux qu'ils protègent sens du commerce, de la communication et enthousiasme. Associé à la planète Mercure, il aide le corps à réagir aux agressions extérieures et à cicatriser rapidement en cas de blessures. On l'invoque pour son soutien contre ces susceptibilités qui rendent la vie difficile et aggravent les problèmes.

Aniel (vertu)

Si vous êtes né du 24 septembre au 28 septembre, votre ange gardien est Aniel, dont le nom signifie : *Dieu des vertus*. Il encourage la détermination et la volonté, donne la force et l'autorité à ceux qui veulent agir pour le bien. Il est responsable de l'éveil spirituel des êtres, de leur équilibre psychique, il encourage l'altruisme. Ses protégés possèdent l'énergie morale pour réagir positivement aux épreuves de la vie. De plus, Aniel donne persévérance et foi. Associé à la planète Mars et au Soleil, il procure au corps la résistance à la fatigue et lui permet de maîtriser ses besoins élémentaires (faim, soif). Lorsque l'on invoque Aniel, il aide à agir sans orgueil ni vanité, et à gérer sans excès les ressources que l'on possède en soi.

Apocalypse (Anges dans l')

L'abbé Tritheim (ou Trithème), bénédictin allemand du XIIIe siècle, composa une prophétie de l'histoire du monde à partir des sept anges de l'*Apocalypse* de saint Jean. Le règne de chacun de ces anges est de 354 ans et 4 mois. Le premier, qui commença son règne un 13 mars, est *Orifiel* (ange de Saturne), règne de la sauvagerie et de la nuit primitive. Puis vint le règne d'*Anaël* (esprit de Vénus) qui commença le 24 juin, en l'an du monde 354. L'amour commença à inspirer les hommes. Cela dura jusqu'au 25 octobre de l'an du monde 708 : le règne de *Zachachariel* (ange de Jupiter) commença ; les hommes s'y disputèrent les champs, les villes qu'ils fondèrent. Le 24 février de l'an du monde 1063 fut l'avènement de *Raphaël* (ange de Mercure), qui protégea Science, Verbe et Arts magiques.

Archange présentant les armes du royaume de France (missel de Charles VII).

Le 26 juin de l'an du monde 1417 arriva le règne de *Samaël* (ange de Mars), période de corruption universelle qui s'acheva par le Déluge. Le 28 mars de l'an du monde 1771, le règne de *Gabriel* (ange de la Lune) redonna l'espoir à l'humanité : la famille de Noé se multiplia. Ceci jusqu'au 24 février de l'an du monde 2126, règne de *Michaël* (ange du Soleil), qui voit la naissance des religions et des sciences, les conflits du despotisme et de la liberté. Notre ère actuelle. Jusqu'à un prochain 13 mars, qui ramènera *Orifiel* sur le trône, afin que le cycle se renouvelle…

Ariel (puissance)

Si vous êtes né du 8 novembre au 12 novembre, votre ange gardien est Ariel, dont le nom signifie : *Dieu révélateur*. Ariel permet par son énergie de répandre avec tact et générosité ses connaissances. Il aide aussi à interpréter les rêves prémonitoires. Avec sa compréhension, on acquiert une grande confiance en soi-même qui protège des influences extérieures. Au quotidien, il met en garde contre les séductions faciles et l'orgueil qui entraîne hypocrisie et rapports sociaux superficiels. Par ailleurs, il encourage les dons pour la radiesthésie et le magnétisme. Associé au soleil, il rend très robustes les corps, malgré parfois une frêle appa-[illegible]que l'on invoque l'ange Ariel, il aide à [illegible]e l'apathie et la paresse.

Asaliah (puissance)

Si vous êtes né du 13 novembre au 17 novembre, votre ange gardien est Asaliah, dont le nom signifie: *Dieu juste, qui indique la vérité*. Asaliah favorise discernement et réflexion. Il accorde aussi une grande importance au verbe et ses protégés ont souvent de grandes capacités de communication. Asaliah a la faculté d'inspirer d'âme et de l'élever vers des vérités que peu atteignent. Au quotidien, l'ange Asaliah lutte contre le masochisme et l'autocritique négative. Il soutient les efforts amenant à un meilleur discernement. Il combat l'incrédulité sous ses différents aspects, l'hésitation et l'ignorance, sources d'injustice et d'intolérance. Au contraire, à ceux qui le lui demandent, il donne un tempérament enjoué et enthousiaste.

Associé à la planète Vénus, il a la maîtrise sur la beauté, la gentillesse et le charme. Lorsqu'on l'invoque, il aide à contrôler ses capacités de séduction, lesquelles peuvent parfois aller jusqu'à berner les autres mais aussi se tromper soi-même.

Ayaël (ange)

Si vous êtes né du 20 février au 24 février, votre ange gardien est Ayaël, dont le nom signifie: *Dieu, délice des enfants et des hommes*. Ayaël encourage à découvrir ce qu'il y a de beau et de positif en chaque être vivant. Ses protégés ressentent les subtilités du monde avec plus de finesse et une joie de vivre communicative. Il régit la faculté de se dégager de la matière pour percevoir des plans supérieurs de conscience. Au quotidien, il renforce les défenses physiques et psychiques de ses protégés, leur épargne une trop forte sensibilité qui les déstabiliserait. Ayaël est l'ange qui unit l'imaginaire au réel, le féerique à la sagesse, les anciennes civilisations à notre temps. Associé à la planète Saturne, il assure au corps une grande longévité et une bonne santé. Lorsqu'on l'invoque, il apporte son soutien pour rester dans la réalité, pour ne pas fuir les responsabilités et les épreuves.

CAHETHEL (séraphin)

Si vous êtes né du 26 avril au 30 avril, votre ange gardien est Cahethel, dont le nom signifie : *Dieu adorable*. Cahethel développe l'imagination et la sensibilité, inspirant poètes et médiums. Il intervient plus sur la conscience que dans le domaine matériel ; on lui attribue l'austérité acceptée, comme celle des moines et des ermites. Au quotidien, il soutient l'effort, chasse la paresse et la peur du risque. Les êtres qu'il parraine ont un moral solide et une nette attirance pour ce qui est sain et juste. Associé à la planète Mercure, il influence la robustesse des membres supérieurs et donne de la résistance physique. Il fait aspirer aux plaisirs champêtres parfois un peu surannés. Lorsqu'on l'invoque, il aide à combattre les chimères et à avoir une action concrète et positive.

CALIEL (TRÔNE)

Si vous êtes né du 16 juin au 21 juin, votre ange gardien est Caliel, dont le nom signifie : *Dieu prompt à secourir*. Caliel encourage ceux qui veulent approfondir les sujets qu'ils ne connaissent pas. Il stimule la persévérance et la rigueur indispensables pour résoudre les épreuves de l'existence. Son influence incite à la prudence et à la réflexion.

Au quotidien, Caliel évite de se fourvoyer dans le secondaire aux dépens de l'essentiel. Son soutien éloigne la tristesse et la désespérance, la résignation et la dépression. Ange de l'impartialité, Caliel fait aimer la justice et la vérité en dehors de tout dogme. Associé au Soleil et à Saturne, il apporte une apparence distinguée. Lorsqu'on l'invoque, il aide à mieux surmonter les longues épreuves, et donne la capacité de s'harmoniser avec le monde, même impitoyable.

DAMABIAH (ANGE)

Si vous êtes né du 10 février au 14 février, votre ange gardien est Damabiah, dont le nom signifie : *Dieu, source de sagesse*. Il encourage ceux qui ont des dispositions pour ressentir les énergies diffusées par leur entourage. Il accorde à ceux qui le sollicitent une sensibilité de médium et des dons psychiques pour percevoir des entités spirituelles. Au quotidien, il permet de se tenir à l'écart des énergies basses qui risquent de perturber ceux qui ont le don de médiumnité. Il renforce la volonté et la stabilité psychique de ses protégés et leur donne de l'optimisme pour échapper à la désespérance.

Associé à la Lune et Neptune, il maîtrise les énergies invisibles manifestées dans le corps par les méridiens et les chakras. Lorsqu'on invoque Damabiah, on lui demande son soutien pour guérir de troubles psychiques ou plus simplement la nervosité, le stress ou l'hypersensibilité. On l'invoque aussi avec profit pour affiner le développement de l'intuition ou de l'inspiration si l'on a des dons artistiques.

DANIEL (PRINCIPAUTÉ)

Si vous êtes né du 28 novembre au 2 décembre, votre ange gardien est Daniel, dont le nom signifie: *Le signe des miséricordes.* Daniel encourage les tempéraments intègres et soutient ceux qui ont le sens des responsabilités, sociales et affectives. Il protège les couples de l'instabilité émotionnelle, éveille les valeurs de l'esprit, élève la conscience morale qu'il rend plus active. Au quotidien, il contribue à ouvrir l'esprit et à combattre la crainte face à la sentimentalité et à la sensualité.

Associé à la planète Mercure, il contrôle la maîtrise de la voix qu'il rend grave et posée, et la parole qu'il rend chaleureuse et agréable. Lorsqu'on invoque Daniel, on lui demande son soutien pour lutter contre la méfiance et le soupçon que l'on éprouve avant d'entamer de nouvelles relations.

EAU D'ANGE

Selon les *Secrets du Petit Albert*, l'eau d'ange était une panacée qui guérissait les maladies. *Pour faire une bonne eau d'ange, ayez un grand alambic dans lequel vous mettez les drogues suivantes : benjoin, 4 onces ; styrax, 2 onces ; sandal citrin, 1 once ; clous de girofle, 2 drachmes ; 2 ou 3 morceaux d'iris de Florence ; la moitié d'une écorce de citron ; 2 noix muscades ; cannelle, 1/2 once ; 2 pintes de bonne eau de roche ; chopine d'eau de fleurs d'orange ; chopine d'eau de mélitot ; vous mettez le tout dans un alambic bien scellé et vous distillez au bain-marie. Cette distillation sera une eau d'ange exquise.*

ELEMIAH (séraphin)

Si vous êtes né du 5 avril au 9 avril, votre ange gardien est Elemiah, dont le nom signifie : *Dieu caché*. Elemiah encourage et soutient les individus dynamiques et courageux, ceux qui résistent à l'adversité et montrent de l'enthousiasme dans les vicissitudes. Ceux qui ont Elemiah pour ange gardien, comme ceux qui le prient, s'harmonisent aisément avec le monde qui les environne. Associé au Soleil, il influence le système nerveux et intervient sur la bonne humeur et le moral, sur l'esprit de découverte et la curiosité. Ses protégés sont souvent des voyageurs ou des chercheurs. Il apporte son soutien aux actions entreprises dans un but d'harmonisation physique, psychique ou sociale.

Gabriel (archange)

Ange de la Lune (voir *Anges dans l'Apocalypse*), Gabriel vient de l'hébreu *gabar,* Dieu est ma force. Messager de Dieu, il annonce à Marie la naissance de Jésus, et à Élisabeth celle de Jean-Baptiste (voir *saint Gabriel*).

Dans le Coran, Gabriel (*Djabra'il* ou *Djibril*), toujours dans le rôle de messager divin, est l'ange de la Révélation dévoilée à Mahomet.

Haaiah (domination)

Si vous êtes né du 29 juillet au 2 août, votre ange gardien est Haaiah, dont le nom signifie : *Dieu caché*. Il soutient les sincères et les intègres auxquels il apporte sagacité et perspicacité. Il exhorte à observer la prudence, peser le pour le contre avant de s'engager dans une activité humaine, tant matérielle que philosophique ou religieuse. Au quotidien, il permet de combattre la trop grande méfiance qui aboutit à l'inertie totale ou au fatalisme. Il redonne confiance en soi dans les moments de dépression en révélant les énergies cachées. Associé à la planète Saturne, il maîtrise dans le corps les muscles des jambes. Lorsqu'on l'invoque, on lui demande son soutien pour retrouver calme et sérénité, apaiser ses angoisses. On le prie également pour recevoir l'inspiration dans les affaires commerciales ou les alliances politiques car cet ange a le pouvoir de faire disparaître les ambiguïtés.

HAAMIAH (vertu)

Si vous êtes né du 29 septembre au 3 octobre, votre ange gardien est Haamiah, dont le nom signifie : *Dieu, l'espérance de toutes les créatures de la Terre*. Haamiah encourage la générosité et les mouvements qui viennent du cœur. Il apporte à ses protégés la séduction et la grâce et, dans le domaine social, le sens diplomatique et la politesse. Il aide à sublimer ses passions. Au quotidien, il permet de lutter contre la nonchalance et la sensiblerie qui tend à anéantir les actions que l'on mène. Associé à la planète Mars, il a la maîtrise sur la circulation des énergies dans le corps. Lorsqu'on l'invoque, il aide à se prémunir contre le découragement.

Habuhiah (ange)

Si vous êtes né du 25 février au 29 février, votre ange gardien est Habuhiah, dont le nom signifie : *Dieu qui donne avec libéralité.* Il favorise la capacité de percevoir les sentiments qu'éprouve autrui. Il affine les esprits curieux. Au quotidien, il ramène vers le réalisme, et aide à lutter contre l'instabilité psychique, incite à harmoniser son comportement, notamment par un retour à la vie simple. Associé à la planète Saturne, il a la maîtrise sur l'odorat et sur les reins, sur les jambes et le squelette qu'il rend solides. Lorsqu'on l'invoque, il aide à lutter contre une trop forte émotivité.

Hahahel (puissance)

Si vous êtes né du 14 octobre au 18 octobre, votre ange gardien est Hahahel, dont le nom signifie : *Dieu en trois personnes.* Hahahel encourage ceux qui font rayonner leurs connaissances et leurs richesses intérieures. Il leur donne la force nécessaire pour transmettre cet enseignement ; il en fait des initiateurs. Il est l'une des illustrations du pouvoir spirituel du christianisme. Au quotidien, il lutte contre les formes négatives du mysticisme et de la mégalomanie religieuse. Il aide ceux qui veulent maîtriser leurs émotions. Associé à la planète Jupiter, il donne à ses protégés la force physique pour supporter les souffrances et les privations. Lorsqu'on l'invoque, il aide à lutter contre la méfiance et l'anxiété maladive.

Hahaiah (chérubin)

Si vous êtes né du 16 mai au 20 mai, votre ange gardien est Hahaiah, dont le nom signifie : *Dieu refuge*. Hahaiah apporte la lumière intérieure qui dynamise contre les difficultés de l'existence. On lui attribue le don de mener des actions jugées surnaturelles. Au quotidien, il permet de combattre les tendances à l'inaction. Il soutient aussi la lutte contre la violence et l'anarchie en encourageant l'harmonie et la sérénité. Associé à la planète Saturne, il donne une allure aimable à ses protégés et maîtrise le côté gauche du cerveau, celui de la pensée spirituelle et poétique, de la compréhension des rêves et des intuitions. Lorsque l'on invoque Hahaiah, il aide à acquérir calme pour soi et souplesse dans les rapports avec les autres.

Hahasiah (principauté)

Si vous êtes né du 3 décembre au 7 décembre, votre ange gardien est Hahasiah, dont le nom signifie : *Dieu caché*. Il soutient les tempéraments chaleureux et expansifs, aide aussi à garder confiance dans son destin, ainsi que dans la fidélité des relations affectives. Au quotidien, il aide à acquérir calme, sagesse, et attention aux autres. Il permet de ne pas succomber à la préciosité et aux sentiments excessifs. Hahasiah influence le besoin de connaissance et octroie la patience pour l'obtenir. Associé à la Lune, il maîtrise la sensibilité et l'émotionnel, influence grandement le mysticisme et favorise l'inspiration poétique et l'imaginaire. Lorsque l'on invoque Hahasiah, on lui demande son soutien pour harmoniser les relations tendues que l'on a avec les autres et effacer ces malentendus qui provoquent les ruptures.

Haiaiël (ange)

Si vous êtes né du 11 mars au 15 mars, votre ange gardien est Haiaiël, dont le nom signifie : *Dieu maître de l'univers*. Haiaiël permet de mieux percevoir les impressions et sensations du monde extérieur. Avec lui, on sait mieux préciser ses sentiments, on distingue ce qui est signe et ce qui est sensation. Selon la tradition, Haiaiël accorde le don d'entendre des sons émis par des mondes invisibles. Au quotidien, l'ange Haiaiël permet d'adapter son caractère aux réalités et de surmonter la routine. Il fait lever les barrières mentales et accorde des dons de voyance et rétablit les équilibres menacés par le stress ou la dépression. Associé à la planète Mars, il régit l'ouïe et les muscles du corps. Lorsqu'on l'invoque, il rend positif la critique, et inspire assez de tact pour ne pas blesser ceux qui en sont la cible.

Harahel (archange)

Si vous êtes né du 11 janvier au 15 janvier, votre ange gardien est Harahel, dont le nom signifie : *Dieu qui connaît toutes choses*. Harahel donne le courage d'espérer, et l'ouverture d'esprit pour ne pas céder à l'intolérance. Au quotidien, il permet de rassembler ses idées vers un but déterminé. Il combat l'éparpillement et la superficialité. Harahel suscite le don de l'arithmétique, du sens des affaires et de la spéculation et du jeu. L'être qu'influence Harahel est généralement passionné par les sciences. Cet ange, associé au Soleil, a la maîtrise sur le corps féminin et la fécondité ; il protège les femmes enceintes. Lorsqu'on l'invoque, on lui demande son soutien pour prendre du recul au moment des épreuves tout en restant lucide face aux événements.

Hariel (chérubin)

Si vous êtes né du 1er juin au 5 juin, votre ange gardien est Hariel, dont le nom signifie : *Dieu créateur*. Il révèle à ses protégés leurs capacités de discernement, affine leur lucidité. Il facilite la relation entre le cœur et l'esprit, entre les sentiments et la raison, apporte la force pour combattre l'incompréhension. Au quotidien, il place chacun devant sa réalité. Il accorde une meilleure élocution et le don des langues, le goût des discussions philosophiques. Intransigeants sur le plan de la morale, ses protégés ont le sens de la piété et du sacré. Associé à la planète Mars, il donne une soif de vie et un esprit d'entreprise qui s'accommode peu des contraintes et des privations. Invoqué, il aide à démasquer le mensonge et à rétablir la vérité.

HAHEUIAH (trône)

Si vous êtes né du 18 juillet au 22 juillet, votre ange gardien est Haheuiah, dont le nom signifie : *Dieu bon par lui-même*. Haheuiah encourage la discrétion, la serviabilité et la clémence. Selon la tradition, il est messager de la tempérance. Il apporte à ses protégés, souvent choisis comme médiateurs dans les conflits, un solide bon sens. Au quotidien, il permet d'évaluer les efforts et les épreuves que l'on a à surmonter. Il aide à lutter contre la nostalgie et le découragement, donne le calme et le sang froid nécessaires aux grandes réalisations, et apporte en outre le goût des sciences exactes. Associé à la Lune, il maîtrise dans le cerveau la part occulte où se cachent ses secrets. Invoqué, il éclaire sur les illusions et les égarements des sens et de l'imagination.

Haziel (chérubin)

Si vous êtes né du 1er mai au 5 mai, votre ange gardien est Haziel, dont le nom signifie : *Dieu de miséricorde.* Haziel encourage l'harmonie entre corps et esprit, favorise la paix intérieure. La tradition en fait le messager de l'indulgence et de la réconciliation ; il suggère des paroles de paix et la capacité de pardonner les offenses. Au quotidien, il aide à repousser les tentations de l'utopie. Associé à la planète Neptune, il influence dans le corps la circulation des liquides et sécrétions glandulaires. Invoqué, il encourage l'écoute et le respect d'autrui, et contribue au rapprochement du ciel et de la terre, à l'harmonie avec l'ensemble du monde.

Hekamiah (chérubin)

Si vous êtes né du 6 juin au 10 juin, votre ange gardien est Hekamiah, dont le nom signifie : *Dieu qui érige l'univers.* Il soutient celui qui cherche l'épanouissement spirituel, est le révélateur pour se découvrir soi-même. Selon la tradition, on fait de lui l'ange des mystères dévoilés, le messager des prophéties. Au quotidien, il permet de chasser de son esprit les illusions et les fausses prémonitions. Associé à la planète Uranus, il régit peu les organes du corps mais participe aux mécanismes du sommeil et des rêves. Il apporte à ses protégés le sens esthétique et l'attirance vers l'harmonie, la littérature et la musique, le don de déchiffrer les rêves et de résoudre les problèmes en dormant. Lorsqu'on l'invoque, il aide à acquérir un comportement social cohérent.

IMAMIAH (principauté)

Si vous êtes né du 8 décembre au 12 décembre, votre ange gardien est Imamiah, dont le nom signifie : *Dieu élevé au-dessus de toutes choses*. Il encourage les tempéraments enthousiastes, privilégie sentiments et amour, soutient le dévouement aux causes justes. Il sublime les pulsions sensuelles. Au quotidien, il préserve de la tyrannie des émotions et des réactions trop impulsives ; il aide à acquérir de la profondeur. Sur le plan personnel, il permet de cultiver la patience et l'espoir, l'endurance devant l'adversité et le courage devant les épreuves. Associé à la Lune, il influence le corps qu'il rend robuste et souple, d'une grande force physique. Lorsqu'on l'invoque, on lui demande son soutien pour avoir le sens des responsabilités et combattre l'immaturité affective et amoureuse.

JELIEL (séraphin)

Si vous êtes né du 26 mars au 30 mars, votre ange gardien est Jeliel, dont le nom signifie : *Dieu secourable*. Il aide à distinguer ce qui appartient à l'instant et ce qui est permanent dans l'existence, à surmonter les épreuves et à en retirer un enseignement positif. On le prie pour lutter contre l'avarice. Associé à la planète Mars, il régit la stature et donne un corps robuste et une forte puissance sexuelle. Il inspire le désir de justice et ses protégés ont de l'autorité naturelle. On l'invoque pour se concentrer avant d'entreprendre, et trouver la bonne solution.

Khavakiah (vertu)

Si vous êtes né du 14 septembre au 18 septembre, votre ange gardien est Khavakiah, dont le nom signifie : *Dieu qui donne la joie*. Il encourage ceux qui agissent avec assurance et enthousiasme. Au quotidien, il préserve de la dilapidation des biens et aide à gérer ses ressources physiques ou intellectuelles, à contrer les tendances à la mégalomanie et évite de se lancer dans des entreprises hasardeuses. Associé à la planète Mercure, il donne la maîtrise du système nerveux, ce qui leur permet de dominer leurs réactions émotionnelles. Invoqué, il apporte son soutien pour lutter contre le besoin immodéré de richesse, l'aridité de cœur et l'avarice.

Lauviah (1) (chérubin)

Si vous êtes né du 11 mai au 15 mai, votre ange gardien est Lauviah, dont le nom signifie : *Dieu loué et exalté*. Il favorise l'amour de la vie, la découverte en soi de capacités ignorées. Il donne à ses protégés l'art de communiquer la joie, de rendre autrui plus heureux par la générosité et la compassion. Au quotidien, il ouvre aux intuitions de l'esprit. Ses protégés préfèrent la spiritualité et la philosophie à la frivolité du monde. Pour le corps, associé à la planète Saturne, il favorise le squelette et les articulations, donne à ses protégés robustesse et endurance. Invoqué, il aide à mettre en valeur les qualités cachées, et à se préserver de la frivolité.

Dieu dictant ses Commandements, miniature du XIVe siècle.

Lauviah (2) (trône)

Si vous êtes né du 11 juin au 15 juin, votre ange gardien est Lauviah, dont le nom signifie: *Dieu admirable*. Il encourage l'acquisition d'une sagesse qui peut exiger le sacrifice de son ego et de ses intérêts. Il protège de l'indécision et du doute, principal frein à l'épanouissement spirituel. Au quotidien, il chasse les angoisses qui obstruent le chemin de la sagesse, lutte ainsi contre la dépression et le désespoir. Associé à la planète Saturne, il régit les mécanismes du sommeil qu'il rend réparateur, permet l'apparition d'intuitions fulgurantes, et de rêves prémonitoires. Lorsqu'on l'invoque, il aide à mieux comprendre les expériences et épreuves qui jalonnent la vie, physiques et spirituelles.

Lehahiah (vertu)

Si vous êtes né du 8 septembre au 13 septembre, votre ange gardien est Lehahiah, dont le nom signifie: *Dieu clément*. Il encourage la persévérance et l'endurance, la concentration et les efforts de longue durée. Selon la tradition, il a la faculté de donner le sursaut d'énergie nécessaire pour les plus difficiles victoires. Au quotidien, il apporte l'énergie nécessaire à l'action lorsque l'esprit veut mais que le corps, par faiblesse, refuse. Il incite à s'adapter lorsqu'une situation nouvelle se présente et trouble un comportement routinier. Ses protégés se font aisément des relations dans tous les milieux. Associé à la planète Vénus, il maîtrise chez ses protégés l'élégance physique et suscite l'autorité naturelle. Invoqué, il aide à se modérer dans ses jugements, à montrer de la clémence et de l'indulgence.

LEKABEL (domination)

Si vous êtes né du 24 août au 28 août, votre ange gardien est Lekabel, dont le nom signifie: *Dieu qui inspire*. Il apporte à ses protégés une grande ouverture d'esprit, un tempérament capable de surmonter les difficultés de l'existence et la capacité de les évaluer. Messager du bon jugement, il donne aussi le goût pour les mathématiques et l'astronomie. Au quotidien, il modère l'usage exagéré de la logique qui asphyxie l'intuition, l'audace et l'esprit d'entreprise. Grâce à l'enthousiasme qu'il instille, il chasse le scepticisme et le pessimisme qui paralysent l'individu. Il fait préférer l'espérance à la morosité, et la ténacité à la paresse. Associé aux planètes Jupiter et Mercure, il maîtrise la robustesse du corps, pour entreprendre œuvres exigeant force et longueur de temps. Invoqué, il apporte son soutien dans les travaux délicats où il faut habileté et patience, ténacité. On peut aussi faire appel à lui pour résoudre les questions épineuses.

Lelahel (séraphin)

Si vous êtes né du 15 avril au 20 avril, votre ange gardien est Lelahel, dont le nom signifie : *Dieu louable*. Il soutient les efforts faits pour accroître ses capacités à comprendre les autres, à acquérir une plus grande ouverture d'esprit. Il aide à se détourner des plaisirs artificiels du monde et à poursuivre sa quête spirituelle ou guérison physique. Associé à la planète Vénus, il apporte au corps et au visage la beauté, et à l'esprit la séduction. Invoqué, il permet de découvrir la beauté intérieure et de surmonter les difficultés et la misère du monde.

Leuviah (trône)

Si vous êtes né du 22 juin au 26 juin, votre ange gardien est Leuviah, dont le nom signifie : *Dieu qui secourt les pécheurs*. Il encourage les élans positifs de l'individu de bonne volonté. Il lui accorde la capacité de considérer les événements et les épreuves avec le recul des sages. Au quotidien, il aide à gérer les biens et propriétés, à bien maîtriser ses propres capacités, à lutter contre le dogmatisme et l'intolérance. En plus, il donne la simplicité et la patience, la faculté d'accepter son destin non avec fatalisme mais avec la certitude qu'il a une utilité. Associé à la planète Vénus, il influence les fonctions de mémoire et d'intelligence. Lorsqu'on l'invoque, on peut lui demander son soutien pour comprendre les difficultés que l'on rencontre dans la société, rumeurs, scandales, procès, gaspillage…

Mahasiah (séraphin)

Si vous êtes né du 10 avril au 14 avril, votre ange gardien est Mahasiah, séraphin, dont le nom signifie : *Dieu sauveur*. Il encourage la volonté et soutient les efforts, favorise ce qui régénère la condition humaine, aide à combattre l'orgueil, l'arrogance et la vanité. Ses protégés réussissent dans les professions exigeant de la diplomatie, ou dans les métiers artistiques. Associé à la planète Vénus, il donne un visage harmonieux, une belle prestance et de la séduction. De plus, il marque ceux qui l'invoquent par une tendance à rechercher l'harmonie et l'esthétique. Il donne son soutien pour accueillir en soi une paix dont bénéficiera l'entourage.

Manakel (ange)

Si vous êtes né du 15 février au 19 février, votre ange gardien est Manakel, dont le nom signifie : *Dieu qui seconde et maintient toutes choses*. Il apporte son énergie aux individus qui aident ceux qui souffrent. Au quotidien, il affine la mémoire, chasse pessimisme et mélancolie, élimine aussi le sentiment de solitude. Associé à la Lune, il donne au corps une belle silhouette, un visage avenant et une réelle séduction. Invoqué, il apporte son soutien pour pardonner et oublier peines et colères. De cette manière on atteint paix et sommeil, et meilleure vie.

MEBAHEL (chérubin)

Si vous êtes né du 27 mai au 31 mai, votre ange gardien est Mebahel, dont le nom signifie: *Dieu conservateur*. Il fait naître chez ses protégés le sens esthétique et celui de la compassion. Cette pureté de sentiment s'accompagne de lucidité. Il donne le don de déceler ce qui est malade et ce qui est sain, ce qu'il faut soigner et ce qu'il faut apprendre. Au quotidien, il permet de ne pas se laisser aller à la sensiblerie. Parce qu'il donne un sens critique aigu, il permet de repousser calomnies, faux témoignages et immoralité. Associé à la planète Jupiter, il apporte, pour le corps et l'esprit, maîtrise et sens de la mesure, contrôle de soi. Lorsqu'on l'invoque, il aide à lutter contre ceux par qui le scandale, sous toutes ses formes, arrive. Il apporte aussi le don de déceler le vrai du faux, le juste de l'injuste.

MEBAHIAH (principauté)

Si vous êtes né du 22 décembre au 26 décembre, votre ange gardien est Mebahiah, dont le nom signifie: *Dieu éternel*. Il encourage les tempéraments qui privilégient l'harmonie et la sagesse, leur accorde la capacité de séduire ceux qui les écoutent. Il permet de discerner la supériorité des choses de l'esprit et l'authenticité des sentiments. ses protégés apprennent à mieux communiquer leurs sentiments et à stabiliser leurs échanges relationnels. Au quotidien, il lutte contre l'hypocrisie et les mystifications visant à profiter de la crédulité d'autrui. Il s'oppose aussi aux analyses trop méthodiques qui ignorent les raisons du cœur et de l'intuition. Associé à la planète Jupiter, il a la maîtrise sur la fécondité et apporte sa bénédiction aux familles nombreuses. Lorsque l'on invoque Mebahiah, on lui demande son soutien pour faire preuve d'objectivité et de justice autant dans la vie affective que dans les relations sociales et professionnelles.

MEHIEL (archange)

Si vous êtes né du 5 février au 9 février, votre ange gardien est Mehiel, dont le nom signifie : *Dieu qui vivifie toutes choses*. Il permet de lier intuition et raisonnement intellectuel car il favorise l'ouverture aux différents moyens de communication, visibles ou invisibles, raisonnés ou intuitifs. Il règne sur la grammaire, ce qui permet à ses protégés de s'exprimer clairement et de convaincre. Au quotidien, il permet de combattre les tendances velléitaires, aide à faire aboutir les projets. Il aide à réfuter les arguments mensongers, à lutter contre les superstitions et les idées fausses. Associé à la planète Mercure, il permet de mieux résister aux excès de fatigue, car il maîtrise la vue et la faculté de réflexion. Invoqué, il apporte son soutien pour rester ferme de ses convictions et ne pas subir les raisonnements des autres.

MELAHEL (trône)

Si vous êtes né du 13 juillet au 17 juillet, votre ange gardien est Melahel, dont le nom signifie : *Dieu qui délivre des maux*. Il encourage la capacité d'évaluer les situations et épreuves de l'existence, donne un esprit perspicace et lucide, ainsi qu'un sens affiné de la stratégie. Ses protégés sont des planificateurs et de gestionnaires. La tradition attribue à Melahel la vertu de l'espérance. Au quotidien, il apporte l'amour nécessaire pour contrebalancer la froideur de la logique. Il donne à ses protégés courage et hardiesse. Associé à la Lune, il accentue les penchants pour l'enfance, l'instinct maternel et la rêverie, incite à la fécondité spirituelle (créativité) et physique (enfantement). Invoqué, il aide à surmonter les difficultés liées au mensonge et au vol.

MENADEL (vertu)

Si vous êtes né du 19 septembre au 23 septembre, votre ange gardien est Menadel, dont le nom signifie : *Dieu adorable*. Il encourage ceux qui veulent cultiver la franchise et la spontanéité, mettre en œuvre une dynamique positive dans leurs entreprises. Pour la tradition, Menadel est chargé de réveiller en nous la puissance divine qui y demeure en secret. Au quotidien, il préserve de l'imprudence et de la dispersion. Il combat l'envie de se montrer, de trop paraître, et aide à éviter les efforts inutiles. En négatif, Menadel peut rendre trop conservateur.

Associé à la planète Mercure, il a la maîtrise sur la partie du cerveau qui nous relie à notre nature archaïque. Lorsque l'on invoque Menadel, on peut lui demander son soutien pour extirper de soi les agressivités et les violences liées au refus de vivre dans le monde tel qu'il est, et aux refus de d'adapter aux autres tels qu'ils sont.

MICHAËL (archange)

Ange du Soleil et de la lumière, Michel vient de l'hébreu signifiant *Qui est comme Dieu*. Chef des légions célestes, vainqueur du démon dans l'*Apocalypse*, il apparaît à Jeanne d'Arc (voir saint Michel).

MIHAËL (puissance)

Si vous êtes né du 18 novembre au 22 novembre, votre ange gardien est Mihaël. Son nom signifie : *Dieu, Père secourable*. Il donne l’énergie de répandre ses connaissances. Messager de miséricorde céleste, il soutient la lutte contre les perversions. Selon la tradition, il peut faciliter la réalisation des rêves et des ambitions. Au quotidien, il permet de distinguer ce qui est momentané et superficiel de ce qui est profond et continu. Il remet

L’archange Michel (Michaël) sur une pièce d’or frappée par Henri VI d’Angleterre en 1427, à Rouen.

les choses et les êtres à leur juste place, et aide à surmonter les complexes d'infériorité, atténue aussi les complexes de supériorité. Associé à la planète Vénus, il a la maîtrise sur les désirs du corps, de la sexualité aux plaisirs de la table. Invoqué, il aide à se libérer des conséquences d'anciennes actions.

MIKAËL (puissance)

Si vous êtes né du 19 octobre au 23 octobre, votre ange gardien est Mikaël. Son nom signifie : *Vertu de Dieu, maison de Dieu ou semblable à Dieu.* Il donne à ses protégés rayonnement, connaissance de leurs propres valeurs, fermeté, rigueur et maturité. Il est le défenseur des valeurs religieuses. Au quotidien, il apporte la confiance en soi et délivre de tout sentiment de culpabilité. Il lutte contre la froideur, l'intransigeance et les crises d'autorité. Associé à la planète Jupiter, il donne un port majestueux, une belle physionomie et le geste large et décidé. Lorsqu'on l'invoque, il aide à se libérer de la timidité qui empêche de s'extérioriser et de rayonner.

MITZRAËL (archange)

Si vous êtes né du 16 janvier au 20 janvier, votre ange gardien est Mitzraël, dont le nom signifie : *Dieu qui console les opprimés*. Il encourage la rapidité d'esprit, la souplesse de raisonnement, l'ingéniosité. Au quotidien, il donne la maîtrise des instincts et des pulsions que la conscience ne contrôle pas. Il tempère l'esprit critique qui provoque les disputes, donne à ses protégés une autorité naturelle qui leur permet de diriger et de prendre de justes décisions. Associé au Soleil, il maîtrise les formes du visage et l'harmonie du corps. Il accorde une douce et longue vieillesse. Lorsqu'on l'invoque, il aide à conserver la mémoire, approfondir les choses par la réflexion et atténuer l'excès de franchise qui fait parfois plus de mal que de bien.

Mumiah (ange)

Si vous êtes né du 16 mars au 20 mars, votre ange gardien est Mumiah, dont le nom signifie : *fin de toutes choses*. Il favorise la capacité de percevoir les énergies diffusées par l'entourage, rend l'imagination réceptive au monde extérieur, et accorde le don de reconnaître par le toucher le passé de certains objets ayant été possédés par des individus au psychisme puissant. Au quotidien, il donne les qualités positives permettant de lutter contre le stress et la neurasthénie. Il combat les illusions et la fuite devant la réalité. Il procure aussi à ses protégés le don de la communication spirituelle, l'intelligence des choses cachées, l'approche des mystères du monde. Associé à la Lune et Saturne, il régit le sens du toucher et a la maîtrise sur la vieillesse dont il atténue les infirmités et les souffrances. Lorsqu'on l'invoque, il évite d'avoir un esprit critique trop négatif. Il aide à acquérir du réalisme.

NANAËL (principauté)

Si vous êtes né du 13 décembre au 16 décembre, votre ange gardien est Nanaël, dont le nom signifie: *Dieu qui rabaisse les orgueilleux*. Il soutient ceux qui ont une nature affective et qui extériorisent leurs sentiments. Il accroît la confiance en soi, ce qui augmente encore la séduction. Selon la tradition, il a la faculté de favoriser la naissance d'un nouvel amour. Au quotidien, il évite de ne voir les rapports avec autrui qu'en fonction de son affectivité, sans tenir compte des besoins sentimentaux réels des autres. Il incite aussi à préférer la méditation et la quête spirituelle aux plaisirs éphémères. Associé à la planète Saturne, il a la maîtrise sur la notion de temps et d'immobilité, et favorise le jeûne et les exercices de recueillement. Lorsqu'on l'invoque, il aide à lutter contre la jalousie et l'envie pour des biens matériels sans durée ni importance.

NELCHAËL (trône)

Si vous êtes né du 2 juillet au 7 juillet, votre ange gardien est Nelchaël, dont le nom signifie:

Dieu seul et unique. Il encourage la fermeté et le sang-froid devant les difficultés, soutient la détermination face à l'adversité, donne le sens des responsabilités. Cette fermeté va de pair avec la compassion. Au quotidien, il atténue l'orgueil qui pousse à défier adversaire ou destin, et plutôt que d'encourager à une vaine rébellion, permet de prendre ses distances face aux événements, d'assumer sereinement ses responsabilités.

Associé à la planète Mercure, il influence ce qui dans le cerveau dirige l'intelligence et la logique, permet une meilleure compréhension des abstractions. Invoqué, il aide à entrevoir les facteurs déstabilisants, qu'ils soient sociaux ou conséquence de l'ignorance de principes spirituels.

NEMAMIAH (archange)

Si vous êtes né du 1er janvier au 5 janvier, votre ange gardien est Nemamiah, dont le nom signifie : *Dieu louable*. Il encourage les démarches qui apportent davantage de discernement et de compréhension. Il donne aussi l'énergie nécessaire pour dépasser les conventions sociales et rechercher dans les intuitions, même fugitives, la part de vérité qu'elles recèlent. Au quotidien, il lutte contre les troubles mentaux, contre l'excentricité et l'artificiel. Il apporte son aide à ses protégés pour qu'ils triomphent de leurs difficultés d'expression issues d'une trop grande nervosité. Il apporte ainsi le calme et la sérénité nécessaires à ceux qui surmontent leur stress et mettent leur énergie au service des justes causes. Associé à la planète Mars, il suscite un corps vigoureux et une grande maîtrise physique. Invoqué, il apporte son soutien pour effacer de soi une trop grande susceptibilité qui transforme les critiques, même constructives, en affront.

Nithaël (principauté)

Si vous êtes né du 17 décembre au 21 décembre, votre ange gardien est Nithaël, dont le nom signifie : *Roi des Cieux*. Il privilégie la finesse et la sensibilité, le respect des valeurs traditionnelles et de la personnalité d'autrui. Il ajoute aussi la diplomatie, le tact et la sincérité dans les relations amicales ou sentimentales. L'invoquer permet d'éveiller des qualités de cœur allant de la compassion sans ostentation aux élans amoureux. Au quotidien, il permet de résister au besoin de jouissance et de sensualité, de lutter contre le luxe et la désinvolture. Il aide aussi à ne pas être dupe des masques des êtres négatifs. Associé à la planète Saturne, il a sur le corps la maîtrise de la longévité et de la santé. Invoqué, il aide à résister aux débordements de l'émotivité exagérée.

Nith-Haiah (domination)

Si vous êtes né du 23 juillet au 28 juillet, votre ange gardien est Nith-Haiah, dont le nom signifie : *Dieu qui donne avec sagesse.* Il encourage l'altruisme et la tolérance. Il apporte à ses protégés le goût du geste gratuit et désintéressé. Il aide à pratiquer les exercices de méditation qui amènent à la sérénité, au vide mental (vacuité), voire au mysticisme. Dans la vie quotidienne, il contribue à la stabilité psychologique et apporte une retenue qui fait préférer la stabilité et la profondeur aux débordements incontrôlables. Associé à la planète Saturne, il participe, dans le corps humain, à la maîtrise de la taille qu'il fait robuste et haute, et du visage, qu'il modèle empreint de sagesse et de sérénité. Lorsqu'on l'invoque, il aide à surmonter les difficultés liées à l'égarement dans un monde violent et hostile.

Omaël (domination)

Si vous êtes né du 19 août au 23 août, votre ange gardien est Omaël, dont le nom signifie : *Dieu patient.* Il soutient les qualités qui viennent du cœur, gentillesse, sensibilité, tolérance. Il apporte par l'amour de l'autre un enrichissement social et moral de valeur. Au quotidien, il permet de lutter contre l'hypocrisie et les tentations que l'on peut avoir de manipuler son prochain, lorsqu'il apparaît trop naïf. Associé à la planète Mars, il maîtrise la fécondité féminine et les organes de la maternité. Invoqué, il aide à déjouer les pièges de la séduction et de la manipulation.

OURIEL (Archange)

Nom de plusieurs personnages bibliques et de l'un des archanges de l'*Apocalypse*. Ouriël, placé à la gauche du trône de Dieu, donne à Israël l'expiation et la lumière.

PAHALIAH (trône)

Si vous êtes né du 27 juin au 1er juillet, votre ange gardien est Pahaliah, dont le nom signifie: *Dieu rédempteur*. Il encourage la bravoure, la ténacité, la résistance morale et physique à l'adversité. Il soutient le moral de ceux qui tiennent leur cap dans la tempête, permet de maîtriser ses énergies sans recourir à la violence. Généralement, ses protégés sont marqués par la piété et la fidélité et se tournent souvent vers la philosophie. Associé aux planètes Saturne et Vénus, il donne à ses protégés de la maîtrise sur les instincts sexuels, qui peuvent se consacrer facilement à des études de longue durée. Invoqué, il aide à mieux résister à l'agressivité, à la violence collective et à la brutalité urbaine.

Poiël (principauté)

Si vous êtes né du 27 décembre au 31 décembre, votre ange gardien est Poiël, dont le nom signifie : *Dieu qui soutient l'Univers*. Il encourage ceux qui privilégient la tendresse et l'affectivité et montrent de la douceur dans leurs relations, donnant sensibilité et réceptivité. Au quotidien, il lutte contre la nonchalance et la passivité qui incitent à ne pas assumer ses responsabilités sous couvert de timidité ou d'humilité. Ceux qui le prient peuvent acquérir assez de maturité pour combattre l'instabilité émotionnelle qui les poursuit et qui, malgré leurs efforts, peut être un véritable handicap dans le domaine social ou affectif. Il donne un tempérament agréable, et le sens de la dignité. Associé à la planète Mercure, il a la maîtrise sur le corps, fait se cambrer les humbles et se voûter les orgueilleux. Invoqué, il donne son soutien pour arriver à se détacher des anciens schémas de vie, à se couper de l'environnement maternel ou familial afin de vivre d'autres expériences de l'existence comme, par exemple, une nouvelle vie de couple.

Raphaël (archange)

Ange de Mercure, a civilisateur, c'est l'un des archanges de l'*Apocalypse* ; Raphaël, en hébreu, signifie *Dieu nous guérit* (voir saint Raphaël).

Rehaël (vertu)

Si vous êtes né du 4 octobre au 8 octobre, votre ange gardien est Rehaël, dont le nom signifie : *Dieu qui reçoit les pécheurs*. Il suscite le discernement et le juste jugement, la rapidité d'esprit qui permet de s'adapter aux exigences de la nécessité. Cette adaptabilité, qui se voit notamment dans l'adresse manuelle, apporte maîtrise et sûreté dans de multiples circonstances. Selon la tradition, il donne la force de ne pas se laisser influencer par les rumeurs négatives et permet de lutter contre l'hésitation stérile. Associé à la planète Mars, il influence la longévité car il préserve le corps de l'usure prématurée. Lorsqu'on l'invoque, il aide chacun à se remettre dans le bon chemin de son existence.

Reiyel (domination)

Si vous êtes né du 14 août au 18 août, votre ange gardien est Reiyel, dont le nom signifie : *Dieu prompt à secourir*. Il soutient ceux qui aspirent à la sagesse et désirent mettre leur volonté et leur force dans l'amélioration de la société. Ange de la sagesse et de la charité, il amène à juger juste. Il intervient pour que l'amour soit préservé dans une société trop matérialiste, apporte à ses protégés le sens du sacré. Au quotidien, il associe l'humilité au désintéressement. Il permet de se garantir du fanatisme religieux comme de l'athéisme viscéral. On dit par ailleurs qu'il accorde à ses protégés l'art de convaincre. Associé à la planète Mars, il influe sur la prestance physique. Lorsqu'on l'invoque, il aide à lutter contre l'orgueil et l'égocentrisme, et contre la vaine recherche d'un bonheur qui ne serait que matériel.

ROCHEL (ange)

Si vous êtes né du 1er mars au 5 mars, votre ange gardien est Rochel, dont le nom signifie : *Dieu qui voit tout*. Il favorise la capacité de percevoir les signes émis par l'entourage. Il permet à ses protégés d'affiner leur tempérament et leur équilibre psychique et spirituel, leur bonne santé physique, et leur lucidité. Selon la tradition, cet ange régit l'œil intérieur, c'est-à-dire la clairvoyance et la connaissance des choses invisibles. Au quotidien, il aide à combattre les mensonges que l'on se fait à soi-même à des fins matérialistes. Cet ange, associé à la planète Jupiter, a la maîtrise sur la partie du cerveau qui organise la mémoire. Lorsqu'on l'invoque, il aide à lutter contre le mercantilisme effréné, le matérialisme, l'avarice, et tout ce qui conduit à la sécheresse de cœur.

SAMAËL (ange)

Ange exterminateur de l'*Apocalypse*.

Sealiah (puissance)

Si vous êtes né du 3 novembre au 7 novembre, votre ange gardien est Sealiah, dont le nom signifie : *moteur de toutes choses*. Il donne de l'énergie pour les ambitions, si elles sont nobles, augmente l'énergie vitale, ce qui éloigne les agressions extérieures. Au quotidien, il donne une forme souple à l'autorité et permet de lutter contre l'abus de pouvoir. Il combat aussi l'orgueil et l'égocentrisme, qui finissent par couper des réalités, permet de maîtriser ses craintes et d'acquérir le détachement nécessaire et l'acuité intellectuelle pour être efficace. Associé au soleil, il donne de la vitalité, et a la maîtrise de l'appareil respiratoire. Il influence aussi les échanges entre l'être humain et son environnement, aiguise la curiosité et facilite l'apprentissage. On invoque son aide pour échapper à la routine et aux dogmes et avoir la force de créer.

Séheiah (domination)

Si vous êtes né du 8 août au 13 août, votre ange gardien est Séheiah, dont le nom signifie : *Dieu qui guérit les malades*. Il soutient ceux capables d'entreprendre des actions exigeant rapidité et enthousiasme. Pour cela, il leur offre des opportunités et la force pour résister à l'adversité. Au quotidien, il favorise une existence calme et ordonnée, réfléchie, protège de l'aventurisme et met en garde contre les prises de risques inutiles. Avec lui, les téméraires réfléchissent. Séhelah est aussi regardé comme un protecteur efficace contre les accidents et les brutalités de toutes sortes. Forts de ce soutien, ses protégés restent sereins, et prudents, face aux difficultés et aux épreuves. Associé à la planète Jupiter, il maîtrise les principes de longévité et les résistances (immunologie) du corps humain. Invoqué, il met en garde contre les excès de puissance, les abus de pouvoir et le fanatisme.

Sitaël (séraphin)

Si vous êtes né du 31 mars au 4 avril, votre ange gardien est Sitaël, dont le nom signifie : *Dieu, l'espérance de toutes créatures*. Il aide à découvrir ses richesses intérieures par de discrètes et fréquentes introspections et à les multiplier autour de soi. Il apporte enthousiasme et optimisme à ses protégés. On prie Sitaël pour se libérer des chaînes karmiques qui empêchent de progresser dans le quotidien et nuisent à la sérénité. Associé au Soleil, il donne le moral à ses protégés, s'ils ont le respect de la parole donnée. Lorsque l'on invoque l'ange Sitaël, on peut lui demander plus particulièrement son aide pour mieux gérer ses biens matériels et ses connaissances intellectuelles.

Umabel (archange)

Si vous êtes né du 21 janvier au 25 janvier, votre ange gardien est Umabel, dont le nom signifie : *Dieu au-dessus de toutes choses.* Il encourage ceux qui possèdent le sens de l'autorité et savent prendre des décisions rapides, les aide à résister aux influences extérieures en leur donnant confiance et force. À ses protégés, il octroie le don de persuasion et un grand esprit de synthèse, leur inspire une démarche humaniste. Il leur donne aussi le goût des activités et sports collectifs. Selon la tradition, Umabel permet de s'harmoniser avec soi-même et avec les autres, ce qui est complété par l'amour inné de la musique, le goût des voyages et l'astronomie. Associé à la planète Vénus, il maîtrise la souplesse du corps. On l'invoque contre l'intolérance, pour acquérir de l'indulgence et de la sérénité.

Uriel (Ange)

Ange des liturgies et textes sacrés orientaux.

Vasariah (domination)

Si vous êtes né du 29 août au 2 septembre, votre ange gardien est Vasariah, dont le nom signifie : *Dieu juste.* Il soutient les tempéraments sensibles et sereins, et suscite réalisme et bon sens. Il est regardé comme un messager apportant courage et lucidité, et favorisant le retour sur soi-même. Il protège des angoisses existentielles, du laisser-aller et de la paresse, et maintient dans le chemin de la sagesse et de la tempérance. Il apporte son aide pour lutter contre la crédulité, la passivité et la négligence. Il donne une excellente mémoire, améliore l'art de convaincre. Associé à la planète Mars, il maîtrise la gorge et les cordes vocales. Lorsqu'on l'invoque, il renforce les tempéraments déficients, lutte contre le manque de volonté ou l'abattement, et redonne du tonus à ceux qui se découragent.

VEHUEL (principauté)

Si vous êtes né du 23 novembre au 27 novembre, votre ange gardien est Véhuel, dont le nom signifie : *Dieu grand et élevé*. Il encourage l'expression des tempéraments intuitifs et sensibles, permet de reconnaître les êtres entre lesquels peut naître une véritable amitié. Il donne aussi à ses protégés la puissance nécessaire pour s'écarter des sentiers battus, aller explorer des domaines parfois interdits. Au quotidien, il aide à vaincre la trop grande part que prennent chez ses protégés les élans émotionnels. Il les préserve du risque d'amoralité que leur fait courir leur recherche de liberté. Il donne aussi la capacité de démêler le faux du vrai dans les relations humaines, d'aider chacun dans sa quête du bien-être matériel et du bonheur spirituel. Associé à la planète Mercure, il a la maîtrise sur la sensibilité du corps, et les rapports qu'il entretient avec le monde extérieur. Invoqué, il aide à choisir entre le besoin de se préserver et un altruisme trop entier.

VEHUIAH (séraphin)

Si vous êtes né du 21 mars au 25 mars, votre ange gardien est Vehuiah, dont le nom signifie *Dieu élevé au-dessus du monde*. Il stimule les efforts de celui qui cherche à comprendre la force céleste. Il donne de l'intuition, voire du mysticisme ou, plus simplement, permet d'entrevoir le bon chemin à suivre dans la vie. Il révèle le feu que l'on porte en soi. Le prier permet de sortir de situations obscures ou d'atténuer les révoltes que l'on sent monter en soi. Il est à invoquer avant de passer des examens. Associé à la planète Mars, il régit la tête et apprend à ceux qui favorisent l'action et le goût du risque à modérer leur ardeur et à maîtriser leur énergie.

VEULIAH (puissance)

Si vous êtes né du 24 octobre au 28 octobre, votre ange gardien est Veuliah, dont le nom signifie : *roi dominateur*. Veualiah pousse à être sûr de soi et à pardonner la faiblesse des autres. Il permet de nouer des relations cordiales avec ses supérieurs et ses subordonnés. Au quotidien, il incite à ne pas avoir la naïveté de croire que l'on a toujours raison ou que les valeurs que l'on défend sont toujours les plus justes. Il aide à lutter contre l'inconséquence, et apporte prudence et pondération. De plus, il dispense au plus haut point la loyauté et la justice, donnant de surcroît l'amour de la liberté. Associé à la planète Mars, il suscite un corps robuste pouvant se livrer à la pratique de sports exigeant puissance et discipline. Lorsque l'on invoque Veuliah, il aide à se montrer moins indulgent pour soi-même et répand une force sereine.

Yabamiah (ange)

Si vous êtes né du 6 mars au 10 mars, votre ange gardien est Yabamiah, dont le nom signifie : *verbe qui produit toutes choses*. Il fait percevoir avec sensibilité ce que les individus gardent secrets, donne aussi à ses protégés une grande compréhension des autres, de la délicatesse, du sens artistique et de la psychologie. Selon la tradition, Yabamiah régit le don de distinguer la vérité qui anime les êtres. Au quotidien, il permet de ne pas être aveuglé par l'émotivité, la sienne ou celle de son entourage. Cet ange accorde à ses protégés la connaissance initiatique. Dans la vie professionnelle, les fidèles de cet ange ont la faculté de prévoir avant tout le monde les bonnes décisions. Associé à la planète Jupiter, il a la maîtrise sur le système nerveux et procure du dynamisme positif.

YAH-HEL (archange)

Si vous êtes né du 26 janvier au 30 janvier, votre ange gardien est Yah-hel, dont le nom signifie : *Dieu suprême*. Il encourage la capacité à lier sentiments et raison. Avec lui, on sait juger les situations et les comparer avec d'autres, afin de se déterminer. Selon la tradition, Yah-hel donne le don de persuasion. Au quotidien, il apporte son soutien pour combattre l'émotivité qui perturbe la raison. Maître de la parole, il lutte contre l'hypocrisie et le mensonge. Ceux qu'il protège ont besoin de solitude pour méditer ; il donne le goût de la philosophie et des spéculations métaphysiques. Associé à la planète Vénus, il a la maîtrise sur la résistance physique du corps et le met hors d'atteinte des maladies. Invoqué, il apporte son soutien pour ne pas utiliser son éloquence afin de séduire et tromper.

YEHUIAH (vertu)

Si vous êtes né du 3 septembre au 7 septembre, votre ange gardien est Yehuiah, dont le nom signifie : *Dieu qui connaît toutes choses*. Il répand une énergie qui permet d'agir intuitivement et spontanément, de résoudre les difficultés. Cette attitude va avec une grande indépendance d'esprit. Selon la tradition, il a la faculté d'apporter la puissance et le courage nécessaires pour affronter les situations périlleuses ou demandant une grande maîtrise. Au quotidien, il apporte sérénité et intelligence, permet de lutter contre le stress et la nervosité, ce qui est utile notamment avant les examens. Associé à la planète Vénus, il a la maîtrise de la colonne vertébrale, et l'on dit que celui qui naît sous son pouvoir possède de la souplesse physique. Invoqué, il aide à chasser irascibilité et violence, souvent à l'origine de conflits aux conséquences dramatiques.

Yeiaiël (trône)

Si vous êtes né du 8 juillet au 12 juillet, votre ange gardien est Yeiaiël, Trône, dont le nom signifie : *la Droite de Dieu.* Il encourage les natures fidèles et sociables, celles qui recherchent l'affection de leur entourage afin de les aider à résoudre leurs difficultés et problèmes. C'est un messager de justice. Il permet à ses protégés de juger de l'importance des choses et des événements. Au quotidien, il évite de tomber dans l'hypocrisie et la manipulation des autres à son profit. Il apporte la tolérance et éclaire sur les motivations de ceux que l'on connaît mal. Cette faculté facilite les échanges. Il rend philanthrope, ajoutant même le goût du risque et de l'aventure. Associé à la planète Mercure, il maîtrise l'oreille interne et le sens de l'équilibre. Invoqué, il apporte son soutien pour démasquer l'hypocrisie, les idées reçues fallacieuses, les abus de confiance.

YEIALEL (archange)

Si vous êtes né du 6 janvier au 10 janvier, votre ange gardien est Yeialel, dont le nom signifie : *Dieu qui exauce les générations*. Yeialel permet de discerner ce qui appartient au savoir traditionnel et ce qui provient de l'analyse intellectuelle et de la recherche. Il donne aussi la concentration pour permettre aux hommes de comprendre le fondement des choses. C'est pourquoi ses protégés ont des dons pour les études et les sciences avancées. Selon la tradition, Yeialel à la maîtrise de l'astronomie et donne la compréhension de la place de l'homme dans l'univers. Au quotidien, il accroît la conscience. Dans le monde professionnel, cela permet de rester au plus haut niveau et d'obtenir les meilleures situations. Il aide à lutter contre la manie du détail qui fait passer à côté de l'essentiel. Associé à la planète Mars, il a la maîtrise sur les muscles qu'il rend puissants. Invoqué, il aide à acquérir plus de tact et d'aptitude à comprendre les blessures que l'on peut faire par des critiques disproportionnées.

Yeiazel (vertu)

Si vous êtes né du 9 octobre au 13 octobre, votre ange gardien est Yeiazel, dont le nom signifie : *Dieu qui réjouit*. Il encourage la vivacité et la souplesse d'esprit, la capacité de s'adapter. Selon la tradition, il a aussi la faculté d'éveiller l'enthousiasme dont ont besoin ses protégés pour répondre à leurs intuitions. Au quotidien, il vise la stabilité de l'être et encourage sa maturité. Il aide à dominer le découragement ou la surexcitation. Espérance et amour sont les principales qualités qu'il apporte. Associé à la planète Jupiter, il maîtrise la sensibilité, aide à résister à la souffrance et aux privations. Invoqué, il suggère comment rester dans la voie choisie sans se laisser perturber par l'extérieur.

Yelahaiah (puissance)

Si vous êtes né du 29 octobre au 2 novembre, votre ange gardien est Yelahaiah, dont le nom signifie : *Dieu éternel*. Yelahiah soutient ceux qui font partager leur expérience. Il les stimule en activant leur courage et leur dynamisme tout en leur permettant de défendre leur intégrité. Il encourage aussi les entreprises dictées par la justice et qui tendent à l'amélioration de la vie sociale. Au quotidien, il limite l'agressivité et l'esprit de revanche. Avec lui on lutte contre la témérité, les efforts inutiles et le surmenage. Il suscite l'esprit de recherche, tant spirituel que physique. Associé à la planète Mars, il donne au corps une grande résistance aux agressions et aux coups et blessures. Lorsque l'on invoque Yelahaiah, il aide à mieux contrôler sa propre force, à éviter si possible la violence et à rechercher la conciliation.

YERATHEL (domination)

Si vous êtes né du 3 août au 7 août, votre ange gardien est Yerathel, dont le nom signifie : *Dieu qui punit les méchants*. Yerathel encourage les entreprenants, leur apporte de l'entrain pour mener à bien leurs projets. Il révèle les secrets de la nature. Au quotidien, il soutient les efforts pour s'échapper de la condition matérielle et s'orienter vers les connaissances spirituelles. Il seconde ses protégés et leur permet de mieux gérer leur potentiel d'intelligence comme leurs biens physiques, donne de la lucidité face au bonheur comme aux épreuves liées à l'adversité. Associé à la planète Jupiter, il maîtrise le cœur et stabilise l'émotion, rend serein. Invoqué, il aide à lutter contre la torpeur de la réussite sociale.

YEZALEL (chérubin)

Si vous êtes né du 21 mai au 26 mai, votre ange gardien est Yezalel, dont le nom signifie : *Dieu glorifié sur toutes choses*. Il encourage l'individu à rechercher les valeurs qu'il possède en lui-même et à en acquérir de nouvelles. Il apporte le don de persuasion. Au quotidien, il apporte sa puissance pour éviter que l'être ne s'assoupisse ou tergiverse avant d'entamer sa destinée qui est d'entraîner les autres vers la découverte d'eux-mêmes. Celui qu'il parraine a un grand sens de la communauté ; l'ange lui ajoute un penchant sincère pour l'amitié, la fidélité et l'amour. Associé à la planète Jupiter, il influence la partie du cerveau responsable de la mémoire. Lorsqu'on l'invoque, il aide à lutter contre le désordre et l'utopie.

ZACHACHARIEL (ange)

Ange de Jupiter, symbole de puissance, il est l'un des anges de l'*Apocalypse*

- III -

LES DIABLES ET CRÉATURES DÉMONIAQUES

LES DÉMONS, COMME LE DIABLE, sont des anges maudits qui, s'étant révoltés contre Dieu, furent chassés du paradis céleste et précipités en enfer. La démonologie est une science qui prétend traiter de la nature et de l'influence diabolique ; elle se rapporte à tout ce qui concerne le monde des ténèbres. La démonologie, dont le Moyen Âge est le creuset, s'inspire d'une tradition que l'on retrouve notamment dans la Bible qui parle d'esprits impurs, malfaisants, tentateurs, assimilés à des divinités païennes (et celtiques dans la tradition chrétienne).

Dans les premières religions, tous les enfers se ressemblent et sont des lieux transitoires promis à la dissolution finale. Les démons sont ambivalents, au service des hommes et des dieux et luttant contre ceux-ci. On retrouve le même processus dans

L'orthodoxie entourée des diables de l'hérésie (gravure sur bois du XVIe siècle).

la tradition chrétienne avec certaines variantes, dont la plus importante est l'inégalité entre Dieu et Satan. C'est l'influence des Manichéens qui contribue à rendre les forces du Mal égales aux forces du Bien. La gnose manichéenne considère le Prince des Ténèbres comme le Maître de la Matière : un égal de Dieu qui, de ce fait, n'a pas créé le Mal.

L'Enfer peut s'éparpiller sur la planète. Les volcans sont souvent considérés comme des lieux sataniques, une symbolique qui se rapporte aussi aux gouffres, desquels s'exhalent des effluves sulfureux et asphyxiants. L'océan n'a pas meilleure réputation que l'abîme puisqu'il abrite le terrible Léviathan, diable de la mer. Dans l'empire des Ténèbres règne une guerre éternelle entre les démons qui le peuplent : ruse, trahison, méchanceté forment la triade diabolique. Alors que la triade angélique serait compassion, aide, amour... D'un côté la démonologie, dc l'autre l'angéologie.

Anges et démons, comme il l'a été écrit au chapitre précédent, procèdent du même substrat spirituel qui se divise en Bien pour les anges et en Mal pour les démons. Selon la tradition hébraïque, l'angéologie est commandée par l'Éternel des Armées, Jéhovah. L'Ancien Testament révèle que les Anges Gardiens sont chargés de défendre contre les tentations diaboliques et de protéger chaque être humain. Cette même tradition opère un net distinguo entre les démons (esprits mauvais) et Satan : un ange déchu mais soumis à l'autorité de Dieu pour imposer aux hommes les épreuves terrestres. La confusion du nom du Diable se poursuit entre l'Ancien et le Nouveau Testament : dans le premier Isaïe le nomme Lucifer, et dans le second Luc l'appelle Satan. On en arrive à conclure que Satan, Lucifer, le Diable, le Serpent, le Dragon, le Chef des Anges rebelles ont été confondus en un même personnage : le Prince des Ténèbres.

Diable est le nom général donné à toute espèce de démons. On dit le diable lorsqu'on parle d'un esprit malin, sans le distinguer particulièrement. Pour les chrétiens, le diable, dont saint Louis ne prononçait jamais le nom, était un esprit de malice perfide, cruel et implacable ; pour se défendre de son influence, ils l'affublèrent de sobriquets. L'Église, au canon 7 du concile de Braga (560-563), dressa la liste des principaux démons, cités ci-après.

Le diable doit une grande partie de sa renommée aux ouvrages qui parurent sur lui, pour dénoncer ses méfaits. Outre l'incontournable *Dictionnaire infernal* (1837) de Jacques Collin de Plancy, un libre-penseur devenu catholique intransigeant, ouvrage qui fait « autorité », mais que l'on trouve rarement au complet tant il est épais, de nombreux écrits sur le diable ont été commis par les juges des sorciers et les inquisiteurs.

Ces textes, issus d'élucubrations arrachées par la torture à des malheureux soupçonnés de commerce satanique tentèrent, avec plus ou moins de sincérité, de convaincre leurs lecteurs de l'existence du diable, et ainsi de justifier les bûchers dressés pour lutter contre la sorcellerie. Parmi les ouvrages les plus connus, De la démonomanie des sorciers (1568) de Jehan (ou Jean) Bodin, un juriste bordelais catholique, puis calviniste après avoir été soupçonné d'hérésie ; les *Six livres de discussions magiques* (1599) du jésuite espagnol Martin DelRio (ou Del Rio, ou Delrio) ; Le *Livre des spectres* (1586) de Pierre Le Loyer ; *La Dœmonolatriœ* (1595) de Nicolas Rémi ; *Discours des sorciers* (1603) de Henri Boguet, un juriste bourguignon ; *Tableau de l'Inconstance des mauvais anges et des démons* (1612) et *Incrédulité et mescréance du sortilège* (1622) de Pierre De Lancre, magistrat bordelais époux d'une petite-nièce de Montaigne qui illumina le pays basque des bûchers qu'il y alluma ; *Malleus maleficarum* (1494), œuvre de Jacques Sprenger et de Henri Institoris, deux inquisiteurs chargés par Innocent VIII de dépister les sorciers (ils étaient disciples de Tomas de Torquemada, dominicain espagnol né à Valladolid (1420-1498), inquisiteur général pour toute la péninsule ibérique, qui est resté célèbre pour son fanatisme et son intolérance criminelle).

ABIGOR

Abigor commande 60 légions de démons. Il se montre sous la forme d'un cavalier portant une lance ou un sceptre; spécialiste des secrets de guerre, il enseigne aux chefs comment se faire obéir de leurs soldats.

ABRACAX

Abracax a une tête de coq, des pieds de dragon et un fouet à la main; selon d'autres, une tête couronnée et des serpents à la place des pieds.

ABRAHEL

En l'an 1581, dans un village du pays de Limbourg, un pâtre nommé Pierron conçut un amour violent pour une jeune voisine. Or cet homme était marié et avait un petit garçon. Un jour qu'il était occupé à penser à cet amour, la jeune fille qu'il convoitait lui apparut dans la campagne; c'était en fait un démon. Pierron lui avoua sa passion. La prétendue jeune fille promit d'y répondre s'il se livrait à elle et jurait de lui obéir en toutes choses. Le pâtre promit, et la jeune fille se donna à lui. Peu de temps après, la jeune fille, ou plutôt le démon qui se faisait appeler Abrahel, lui demanda comme gage d'attachement qu'il lui sacrifie son fils. Le pâtre reçut une pomme qu'il devait faire manger à l'enfant. L'enfant, ayant mordu dans la pomme, tomba mort aussitôt. Le désespoir de la mère fit tant d'effet sur Pierron qu'il courut à la recherche d'Abrahel pour lui demander aide. Le démon promit de rendre la vie à l'enfant, si le père lui demandait cette grâce à genoux, en lui rendant un culte d'adoration qui n'est dû qu'à Dieu. Le pâtre s'agenouilla, adora, et aussitôt l'enfant rouvrit les yeux. On le frictionna, on le

Créature diabolique tirée du Livre des Merveilles du monde, *XIVe siècle.*

réchauffa ; il recommença à marcher et à parler. Il était le même qu'auparavant, mais plus maigre, plus hâve, plus défait, les yeux battus et enfoncés, les mouvements plus pesants. Au bout d'un an, le démon qui l'habitait l'abandonna avec un grand bruit, et l'enfant tomba à la renverse…

Le corps de l'enfant, d'une puanteur insupportable, dut être tiré avec un croc hors de la maison et enterré dans un champ voisin.

ADJURATION

Formule d'exorcisme par laquelle on commande, au nom de Dieu, à l'esprit malin de dire ou de faire ce qu'on exige de lui.

ADRAMELECH

Grand chancelier des enfers, et dieu du meurtre, il était adoré des Assyriens qui lui sacrifiaient des enfants. Il peut se montrer sous l'apparence d'un mulet ou d'un paon. *Mentionné dans la liste des principaux démons au concile de Braga.*

AGLA

Formule kabbalistique qui chasse l'esprit malin. Elle est formée de la première lettre de quatre mots hébreux, *Atha Gabor Leonam Adonaï*, (vous êtes puissant et éternel, Seigneur). On l'utilisait au XVIe siècle pour combattre les démons, pour retrouver les choses perdues, pour faire apparaître les absents ; on se tournait vers l'Orient, et l'on prononçait à haute voix l'agla, même lorsque l'on était un non-initié (d'après Collin de Plancy).

AGUARÈS

Aguarès, chef de 36 légions, à l'aspect d'un gentilhomme chevauchant un crocodile, un épervier au poing ; il rassemble les fuyards de l'armée qu'il protège, les fait revenir à l'attaque et culbuter leurs ennemis. Il donne le don des langues, et fait danser les esprits de la terre. *Mentionné dans la liste des principaux démons au concile de Braga.*

ALOCER

Alocer (ou Aloger), l'un des chefs des enfers, commande à 36 légions. Il chevauche un énorme cheval, a une tête de lion et a les yeux ardents. Quand il s'exprime, c'est avec gravité. Il connaît les secrets de l'astronomie et des arts libéraux. *Mentionné dans la liste des principaux démons au concile de Braga.*

ALRUNES

Les alrunes, démons succubes et sorcières furent les mères des Huns, des Avares et des Hongrois, ces tribus nées des déserts orientaux qui déferlèrent sur l'Europe en la mettant à feu et à sang. Elles-mêmes étaient nées de sorcières qui, bannies par Félimer, le roi des Goths, avaient, dans les déserts, contracté des mariages avec les démons. Les alrunes pouvaient prendre des formes diverses, mais pas changer de sexe. Avec les diables attachés à leur volonté, elles pouvaient obscurcir le soleil, la lune et les étoiles, aplanir les montagnes, ou les renverser, arracher les arbres, dessécher les rivières, et autres cataclysmes… (d'après Tomas de Torquemada, *Examéron*).

AMDUSCIAS

Chef de 29 légions, il a la forme d'une licorne mais peut se montrer sous apparence humaine ; lorsqu'il parle, les arbres s'inclinent comme sous un vent violent, même lorsque l'air est calme. *Mentionné dans la liste des principaux démons au concile de Braga*.

ÂMES (EN PEINE)

Vipert, archidiacre d'une paroisse de Toul, auteur d'une *Vie de Léon IX*, raconte que quelques années avant la mort de ce pontife (1054), on vit passer dans une ville d'Italie une multitude de personnes vêtues de blanc et chantant des cantiques religieux. Ce défilé dura plusieurs heures. Un bourgeois demanda ce que signifiait cette procession extraordinaire. On lui répondit que c'étaient des âmes dont les fautes n'étaient pas expiées. Elles se rendaient ainsi de lieux saints en lieux saints, dans un esprit de pénitence. Toute la ville fut témoin de cet étrange pèlerinage qui se déroula en plein jour.

Dans une légende septentrionale, il est dit qu'un nain invita le roi Herla et ses compagnons qui rentraient de la chasse à un festin dans une caverne. À la fin de la fête, il les combla de cadeaux mais, au moment de les quitter, il les prévint que s'ils mettaient le pied à terre, un grand malheur leur viendrait inéluctablement. Herla s'avisa alors que le temps passé dans la caverne représentait deux siècles du temps humain. Et il s'en fut. Oubliant l'avertissement du nain, certains cavaliers descendirent de leur monture. Ils n'avaient pas plutôt touché le sol qu'ils tombèrent en poussière. Depuis, Herla et sa suite, troupe fantastique, poursuivent leur chevauchée interminable que les habitants de cette contrée ont nommée la *Chasse Sauvage*.

Dans *l'Iliade*, Patrocle, tué par Hector, apparaît à son ami Achille et lui demande instamment la sépulture dont il est privé et sans laquelle il ne peut passer le fleuve infernal.

En Scandinavie, on disait que celui qui mourrait en état de péché grave ne devait pas sortir de la maison par la porte sous peine de retour intempestif. On pratiquait alors un passage dans un des murs afin d'extraire le cercueil. Le seuil, dans de nombreuses traditions, est en effet un espace sacré.

AMON

Amon (ou Aamon), chef de 40 légions, a une figure de loup, une queue de serpent et vomit des flammes comme un dragon. Il peut prendre le corps d'un être humain mais sa tête devient celle d'une chouette, tandis que son bec garde ses dents effilées de loup. Il sait le passé et l'avenir, et réconcilie les amis brouillés. *Mentionné dans la liste des principaux démons au concile de Braga.*

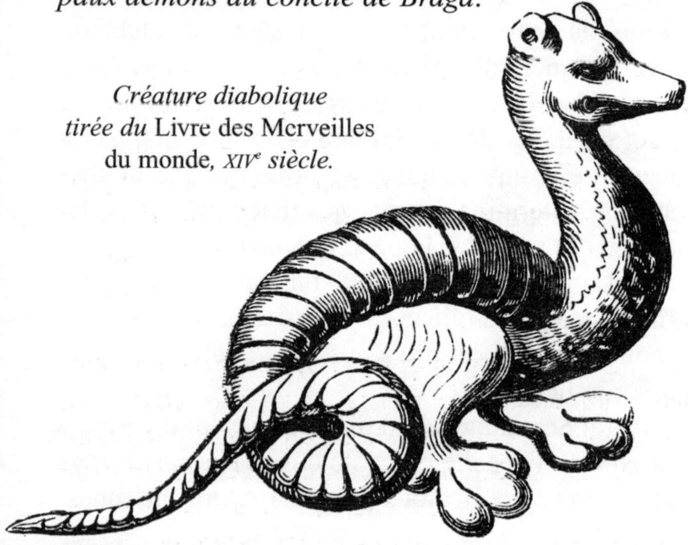

Créature diabolique tirée du Livre des Merveilles du monde, *XIVe siècle.*

Amphisbène

L'amphisbène, celui-qui-marche-des-deux-côtés, est un serpent sans queue. à chaque extrémité de son corps se trouve une tête. Il figure en fait le duel entre les forces contraires : le Christ et Satan.

Anarazel

Démon gardien des trésors souterrains, il les dérobe aux recherches des hommes. Il ébranle aussi les maisons, provoque des tempêtes, fait sonner les cloches à minuit et commande aux spectres qui, la nuit, viennent terroriser ceux qui dorment.

Andras

Andras, chef de 40 légions, a le corps d'un ange mais la tête d'un chat-huant ; il chevauche un loup noir et est armé d'un sabre effilé. Démon du crime, il apprend comment tuer ses ennemis, et provoque volontiers la discorde. *Mentionné dans la liste des principaux démons au concile de Braga.*

Antéchrist

L'Antéchrist, d'après l'*Apocalypse* de saint Jean, doit apparaître à la fin des temps pour être, après un long et terrible combat, abattu par Jésus-Christ. Cet Antéchrist, dit comme Satan le singe de Dieu, persécutera les élus et, pour séduire les peuples, usera de corruption en ressortant les trésors souterrains que les démons cachent pour lui. Est Antéchrist tout tyran impie, tout ennemi de Jésus, tout rassemblement ou toute personne dont les motivations paraissent diaboliques. Voltaire et les Encyclopédistes furent traités de précurseurs de l'Antéchrist par des abbés bien-pensants.

APPARITION DU DIABLE

Selon les *Discours et histoires des spectres, visions et apparitions* de Pierre Le Loyer (1550-1634), magistrat à Angers, parus en 1605, le diable apparaît plus volontiers dans les carrefours, les forêts, les temples païens et dans les lieux infestés d'idolâtrie, dans les mines d'or et dans les endroits où l'on trouve des trésors.

Le Loyer raconte cette apparition du diable : à Fribourg, un jeune homme amoureux d'une fille de la même ville fit appel à un magicien. Le magicien le mena de nuit dans un cellier à l'écart où il dressa son cercle, ses figures et caractères magiques, entra dans le cercle et y fit entrer le jeune homme. Les esprits appelés se présentèrent en diverses formes, fantômes et illusions. Enfin le diable se montra au jeune homme sous la forme de celle qu'il aimait et s'approcha du cercle. Le jeune homme, transporté d'amour, étendit la main hors du cercle pour se saisir de la fille. Mais ce fut le diable qui lui saisit la main, pour l'arracher du cercle et le rouer de coups, le faisant tournoyer autour de lui en lui fracassant la tête contre le mur du cellier. Enfin il jeta son corps tout mort sur le magicien et disparut avec les autres esprits. Le magicien, pendant le restant de la nuit, resta sous le corps du jeune homme, n'osant bouger de son cercle. Le lendemain, il cria et se lamenta jusqu'à ce qu'on vienne le dégager.

Arimane

Arimane (ou Ahriman) était le prince des Enfers chez les anciens perses. Source du mal, démon noir engendré dans les ténèbres, il s'opposait à Oromaze, le principe du bien.

Astaroth

Démon et trésorier des enfers, cet ancien ange devenu laid chevauche un dragon et tient dans sa main gauche une vipère. Il aide à obtenir la protection des grands de ce monde, si on l'évoque le mercredi. On l'identifie à son odeur fétide, même lorsqu'il se déguise en serpent. *Mentionné dans la liste des principaux démons au concile de Braga.*

Astarté

Femelle d'Astaroth, représentée avec une tête de génisse, démon femelle de la débauche.

Attila

Attila (395-453), dit le fléau de Dieu, roi des Huns, ravagea l'Europe, et aurait eu la vision, alors qu'il s'apprêtait à fondre sur Rome, de saint Pierre lui interdisant de marcher sur la ville sainte. Il renonça et mourut la nuit de ses noces, après une orgie. On l'a dit, tant il était cruel, fils du démon.

Ayperos

Ayperos (dit aussi Ipès) peut apparaître sous la forme d'un ange comme sous celle d'un lion, avec la tête et les pattes d'une oie et la queue d'un lièvre. Il connaît le passé et l'avenir, donne de l'audace à ceux qui l'adorent, et commande 36 légions. *Mentionné dans la liste des principaux démons au concile de Braga.*

Azazel

Maître des anges déchus, Azazel enseigna aux hommes l'art de fabriquer des armes et de fondre les métaux pour en faire de la monnaie. Il montra aux femmes l'emploi des fards et des ornements. Il enseigna la vertu des herbes et la force des poisons ; il enseigna l'astronomie, la divination par les signes de l'air, de la terre, de la lune. Premier porte-enseigne des légions infernales, il illustre le duel entre les forces contraires : le Christ et Satan. *Mentionné dans la liste du concile de Braga.*

Baël

Parfois confondu avec Baal, Baël, excellent chef de guerre, commande à 66 légions infernales. Il a trois têtes, celles d'un crapaud, d'un homme et d'un chat. Il a aussi la voix rauque. *Mentionné dans la liste des principaux démons au concile de Braga.*

Créature diabolique tirée du Livre des Merveilles du monde, *XIVe siècle.*

Bâillement

Lorsque l'on baille, il faut se signer quatre fois la bouche avec le pouce, de crainte que le diable ne profite de la bouche ouverte pour y entrer, et s'installer dans le corps, d'où on ne pourra le faire sortir qu'avec le concours d'un exorciste.

Balan

L'un des rois des enfers ; Balan a trois têtes, celles d'un taureau, d'un homme, d'un bélier, une queue de serpent et des yeux qui peuvent jeter des flammes. Il se déplace à califourchon sur un ours et a un épervier au poing. Sa voix est rauque et sonore. Il connaît le passé et l'avenir, enseigne les ruses et l'art de voir sans être vu, commande à 40 légions.

Baptême diabolique

Les sorcières, lors des sabbats, baptisent des crapauds et des petits enfants. Les crapauds sont habillés de velours rouge, les enfants de velours noir. Pour cette opération, le diable urine dans un trou ; on y trempe un goupillon noir, et on en bénit la tête des crapauds et des enfants en faisant des signes de croix à rebours, et avec la main gauche, en disant : *Au nom de Patrique, de Matrique, Pétrique d'Aragon, à cette heure, à cette heure, Valentia*. Le diable, ensuite, rebaptise les adultes avec du soufre, de l'urine et du sel (d'après Collin de Plancy).

BASILIC

Serpent long d'un demi-mètre, le basilic, né d'un œuf de coq couvé par un serpent (ou un crapaud) a deux ergots, une tête et une crête de coq, des ailes, et une queue de serpent. Il pourrait naître de l'accouplement d'un crapaud et d'un coq. Son seul regard provoque la mort, telle Méduse qui pétrifiait ceux qui levaient les yeux sur elle ; si on lui tend un miroir, le basilic meurt de croiser son regard. Il tue encore par les germes de maladies contagieuses qu'il transporte.

BÉHÉMOND

Démon monstrueux proche, quant à son aspect, de la baleine ou de l'éléphant, mais qui peut se déguiser en chien, en renard ou en loup. Sa force est dans ses reins, mais il préside aux plaisirs du ventre et à la gourmandise.

BÉLIAL

Démon adoré par les habitants de Sidon et de Sodome, dieu de la révolte et de l'anarchie il réunit, sous une apparence séduisante, la crapulerie et le vice. Avec Lucifer, il aurait entraîné les anges à la révolte, et pour cela aurait été l'un des premiers à être précipité dans les abîmes. Salomon aurait réussi à l'emprisonner dans une jarre enfouie au fond d'un puits, mais les Babyloniens, lors de la prise de Jérusalem, croyant trouver un trésor, l'auraient brisée, permettant à Bélial de poursuivre ses méfaits. *Mentionné dans la liste des principaux démons au concile de Braga.*

Belphégor

Démon des découvertes et des inventions, il prend volontiers un corps de jeune femme, mais on l'assimile aussi au dieu Priape. *Mentionné dans la liste des principaux démons au concile de Braga.*

Belzébuth

Belzébuth, dit aussi Belzebub, ou Beelzebuth est, selon les Écritures, prince des démons. Ce bras droit de Satan est surnommé le seigneur des mouches, car il a le pouvoir de délivrer les hommes des mouches et insectes qui ruinent les moissons (il a aussi le pouvoir de les envoyer ravager les récoltes). C'est pourquoi on le représente par une mouche ; mais il peut aussi atteindre une taille prodigieuse, avoir le front ceint d'un bandeau de feu, des yeux étincelants dans un visage bouffi, des narines très larges et deux grandes cornes sur la tête. Il a dans le dos deux immenses ailes de chauve-souris. En colère, il vomit des flammes et hurle comme un loup. *Mentionné dans la liste des principaux démons au concile de Braga.*

BÉRITH

Puissance infernale, Bérith apparaît volontiers habillé de rouge des pieds à la tête, monté sur un cheval de même couleur, portant une couronne sur le front. Réputé menteur, il change tous les métaux en or et rend aux chanteurs enroués une voix claire. *Mentionné dans la liste des principaux démons au concile de Braga.*

BEURRE DES SORCIÈRES

Le beurre des sorcières, qui a couleur aurore, se trouve dans les jardins potagers et s'obtient en faisant vomir des chats ou des chèvres gavés.

BISCLAVARET

Le bisclavaret (ou bisclavret) est un loup-garou, parfois un renard-garou, qui se jette devant les chevaux des chasseurs pour les effrayer.

BOUC

C'est sous la forme d'un grand bouc noir aux yeux étincelants que le diable se fait adorer au sabbat, où il est d'ailleurs désigné fréquemment sous le nom de grand bouc ou de bouc noir. Le bouc est aussi, avec le balai, la monture ordinaire des sorcières, qui partent par la cheminée pour leurs assemblées nocturnes.

Le prince des ténèbres (d'après une miniature du XVe siècle).

Le jour de la fête de l'Expiation, les Hébreux amenaient au grand prêtre deux boucs qu'ils tiraient au sort. L'un était pour le Seigneur, l'autre pour le démon Azazel ; le premier était immolé ; sur les cornes de l'autre, le grand prêtre posait ses deux mains, confessait ses péchés et ceux de son peuple, en chargeait l'animal, et le relâchait dans le désert, pour aller disperser les péchés dont il était chargé, sous le nom de bouc émissaire.

BOUILLON DU SABBAT

Le bouillon du sabbat est une mixture obtenue en faisant bouillir des enfants morts et de la chair à pendus, du millet noir, des grenouilles et des poudres ensorcelées… Quand on l'a bu, on peut prédire l'avenir, voler dans les airs et faire des sortilèges.

BOURREAU

On attribuait au bourreau le pouvoir de guérir certaines maladies en les touchant de la main, lorsqu'il revenait d'une exécution.

CAACRINOLAAS

Démon qui se présente sous la forme d'un chien avec des ailes de griffon. Il donne la connaissance des arts libéraux, mais inspire aussi les homicides et prédit l'avenir. Il rend l'homme invisible et commande 36 légions.

Carrefour

Le carrefour, point de jonction de quatre chemins, est le lieu de prédilection des sorciers, qui s'y réunissent pour tenir un sabbat. C'est dans un carrefour que l'on tue une poule noire lorsqu'on veut évoquer le diable.

Catoblepas

Le catoblepas est une sorte de buffle noir à tête de porc, laquelle pend jusqu'à terre, rattachée aux épaules par un cou mince, long et flasque comme un boyau vidé. Ce monstre a le pouvoir, comme le basilic, de tuer celui qui le regarde.

Ceinture magique de Saint-Jean

La ceinture magique guérit des maladies internes ceux qui la portent, et les protège éventuellement des sortilèges. Elle est faite de fougères cueillies la veille de la Saint-Jean et tressée de manière à former le caractère magique HVTY.

Centaure

Dit aussi centurelle, centicore ou hippocentaure, le centaure est un animal diabolique à tête plus ou moins humaine et au corps de cheval, l'onocentaure ayant un corps d'âne : tous symbolisent la luxure et la séduction, mais possèdent le secret des plantes. Selon saint Jérôme, saint Antoine, traversant le désert pour aller visiter l'ermite Paul, rencontra un hippocentaure. *Nous ne savons*, écrit ce Père de l'Église, *si le diable aura pris cette forme pour effrayer le saint ou si le désert, fécond en animaux difformes, produits de tels monstres.*

CERBÈRE

Le chien qui gardait les Enfers des anciens Grecs est aussi un démon, qui a soit trois têtes de chien, soit la forme d'un corbeau. Ses dents sont noires et sa morsure mortelle.

CERCLE MAGIQUE

Le cercle magique est la circonférence tracée sur le sol et au centre de laquelle se tient le magicien pendant les opérations auxquelles il se prête. Elle constitue une barrière protectrice contre les forces déchaînées par les incantations et les invocations. On ne peut évoquer les démons en toute sécurité sans s'être placé dans ce cercle, car leur premier mouvement est de s'emparer de l'humain qui s'adressc à eux.

Pour faire ce cercle magique, le *Grimoire du pape Honorius* propose que les cercles soient faits avec du charbon, de l'eau bénite aspergée ou du bois de la croix bénite. Après des paroles de l'Évangile écrites autour du cercle sur le sol, on jette de l'eau bénite en disant : *Alpha, Oméga, Ely, Elohé, Elio, Saday. Voilà le lion qui est vainqueur de la tribu de Juda, racine de David. J'ouvrirai le livre et ses sept signes*… On récite ensuite une formule de conjuration, et les esprits paraissent. En entrant dans le cercle, il faut n'avoir sur soi aucun métal impur, seulement de l'or ou de l'argent, pour jeter la pièce à l'esprit. On plie cette pièce dans un papier blanc, sur lequel on n'a rien écrit ; on l'envoie à l'esprit pour l'empêcher de nuire ; pendant qu'il se baisse pour la ramasser devant le cercle, on prononce la conjuration qui le soumet.

CHARME

Le charme est une préparation magique conçue à base de paroles, parfois de chant, d'où les mots incantation et enchantement qui en sont issus. La plupart du temps, les paroles sont incompréhensibles. Pline croyaient aux charmes, et écrit qu'ils éteignent les incendies, arrêtent le sang des plaies, remettent les membres disloqués, guérissent de la goutte, empêchent un char de verser… Le lendemain du jour où l'on est mis en prison, si l'on avale à jeun une croûte de pain sur laquelle on aura écrit Senozam, Gozoza, Gober, Dom, et qu'on dorme ensuite sur le côté droit, on sortira avant trois jours.

CHAT

Le chat, en Égypte, était sacré, et, à sa mort, on le momifiait. Au XIXe siècle, quand les Anglais colonisèrent le Nil, les momies de chats servirent de combustibles aux Londoniens. Lors de leur procès, en 1566, des sorciers de Vernon reconnurent avoir tenu des assemblées nocturnes dans un château sous la forme de chats. Quatre hommes qui y avaient, pour une nuit, trouvé refuge, furent assaillis par une multitude de chats. L'un des hommes fut tué et les autres blessés, après avoir porté des coupes à plusieurs chattes qui, ayant repris forme humaine, restèrent mutilées. Les chats accompagnent les sorcières au sabbat. Le diable aime à prendre l'aspect d'un chat. Les sorciers utilisent de la cervelle de chat comme poison. Si, d'un bateau, on jette un chat vivant dans la mer, on provoque une violente tempête.

CHEVILLEMENT

Ce maléfice, spécialité des sorciers et des bergers, empêche d'uriner. On se sert d'une cheville de bois ou de pierre que l'on plante dans un mur en faisant des conjurations. Pour y échapper, il faut cracher sur son soulier droit avant de le chausser.

CHÈVRE

L'un des déguisements des démons et sorciers.

Chien

Il est fréquent que le diable prenne la forme d'un gros chien noir pour accompagner un magicien ou un sorcier. En Bretagne, on croyait que l'âme des scélérats se réfugiait dans le corps d'un chien noir.

Chouette

La chouette, qui symbolisa la sagesse d'Athéna, était considérée dans les campagnes, comme un animal maléfique que l'on clouait sur la porte des granges et des étables pour en éloigner les démons et les sorciers (idem du hibou).

Cloches

On baptise les cloches pour les rendre odieuses à Satan, qui lâche ce qu'il transporte au retour du sabbat quand il entend l'*angélus*. Sonner les cloches éloignait le tonnerre. Avoir sur soi un morceau de la corde qui a sonné lors de son baptême porte bonheur.

Clou

Un clou de cercueil planté dans une porte éloigne de la maison revenants et fantômes.

Conjuration

Une conjuration est un exorcisme, des paroles ou une cérémonie par lesquelles on chasse les démons. Dans l'Église romaine, pour faire sortir le démon du corps des possédés, on emploie certaines formules, des aspersions d'eau bénite, des prières… On nomme aussi conjuration les formules récitées par les sorciers pour évoquer les démons, formules empruntées aux grimoires, que l'on prononce à l'abri du cercle magique. Tirée de la *Clavicule de Salomon*, voici une conjuration pour se rendre invisible ; mais avant de procéder aux invocations, il faut jeûner neuf jours durant, et réciter chaque jour les sept psaumes pénitentiaux, avec les litanies des

Le Diable veut s'emparer d'un magicien avec lequel il a passé un pacte. Un moine s'interpose pour le mettre en fuite (miniature du XIII*e siècle).*

saints de l'oraison dominicale: *Athal Bathel Nothe. Jhoram. Asey Cleyungit, Gabellin, Semeney Mencheno, Bal, Labenenten, Nero, Médap, Halateroy, Palcin, Timgimiel, Plegas, Peneme, Fruora, Hean, Ha, Ararna, Avira, Ayla, Seye, Pevemies, Sency, Lenes, Haay, Baruchata, Acath, Tural, Buchardd, Caratia, per misericordiam, abifit ergo mortale perficiat qua hoc opus ut invisibiliter ire passim.*

Coq

Le coq a le pouvoir de mettre en fuite les puissances infernales. C'est à son chant qu'elles disparaissent, lâchant tout ce qu'elles transportent. Idem au sabbat, où tout disparaît dès le premier chant du coq; aussi, pour l'empêcher de chanter pendant les assemblées nocturnes, les sorciers leur frottent-ils la tête avec de l'huile d'olive, et lui mettent au cou un collier de sarment. On croyait que les coqs pouvaient pondre des œufs, et que de ces œufs maudits naissaient des basilics ou des serpents.

Corbeau

Oiseau de mauvais augure (il annoncerait des malheurs et même la mort), il a la réputation de vivre très vieux. Lors du sabbat, quand les participants se livrent à une messe noire, l'officiant au-dessus d'un calice noir élève une hostie noire en criant *Corbeau noir, corbeau noir* afin d'invoquer le diable. Le corbeau, comme la corneille, la chouette ou le hibou, est apprécié des sorcières et s'installe volontiers dans leur antre.

CORDE DU PENDU

Avoir sur soi un morceau de corde de pendu guérit de la migraine et du mal de dent, donne de la chance au jeu. La guillotine ruina le trafic des cordes de pendus auquel se livraient les bourreaux.

COUR INFERNALE

Selon Jean Wier (1515-1588), les Enfers sont dirigés comme un royaume :
Princes et grands dignitaires : Belzébuth, chef suprême de l'empire infernal, fondateur de l'ordre de la Mouche. Satan, chef du parti de l'opposition. Eurynome, prince de la mort, commandeur de l'ordre de la Mouche. Moloch, prince du pays des larmes, commandeur de l'ordre. Pluton, prince du feu. Léonard, grand maître des sabbats, chevalier de la Mouche. Baalberith, maître des alliances. Proserpine, archidiablesse, souveraine princesse des esprits malins.
Ambassadeurs : Belphégor, ambassadeur en France. Mammon, ambassadeur en Angleterre. Bélial, ambassadeur en Turquie. Thamuz, ambassadeur en Espagne. Hutgin, ambassadeur en Italie. Martinet, ambassadeur en Suisse…

Ministères: Adrameleck, grand chancelier, commandeur de l'ordre de la Mouche. Astaroth, grand trésorier. Nergal, chef de la police secrète. Baal, général en chef des armées infernales, commandeur de l'ordre de la Mouche. Léviathan, grand amiral, chevalier de la Mouche.
Justice: Lucifer, grand justicier. Alastor, exécuteur des hautes œuvres.
Maison des princes: Verdelet, maître des cérémonies. Succor-Benoth, chef des eunuques. Chamos, grand chambellan, chevalier de la Mouche. Melchom, trésorier payeur. Nisroch, chef de la cuisine. Béhémoth, grand échanson. Dagon, grand panetier. Mullin, premier valet de chambre.
Menus plaisirs: Kobal, directeur des spectacles. Asmodée, surintendant des tripots. Nybas, grand parasite. Antéchrist, escamoteur et nécromancien.

Crabe

Animal favori de certains démons des eaux; la nuit, les crabes se rassemblent sur les plages et dansent comme au sabbat des sorcières.

Crachat

Lorsqu'un sorcier renonce au diable, il crache trois fois par terre; ainsi le diable n'aura plus aucun pouvoir sur lui. La salive de sorcier peut aussi être utilisée par celui-ci comme remède… Pour se protéger du mauvais sort, on peut se cracher trois fois sur la poitrine, en direction du cœur.

Crapaud

Le crapaud est l'un des animaux préférés des sorcières. Souvent, elles en nourrissent plusieurs, et les amènent au sabbat pour que le diable les bénisse (voir *Baptême diabolique*, page 226). On pensait que le crapaud pouvait faire évanouir celui qu'il fixait ou provoquer en lui des convulsions, parfois mortelles.

Croix

La croix éloigne le diable ; s'il parait, il suffit d'un signe de croix pour le faire fuir. Toutefois, selon les grimoires, il faut aussi utiliser le signe de croix à des moments précis des conjurations pour faire apparaître les démons. Les croix que portent les sorcières en pendentif ou sur leurs chapelets ne sont pas complètes, et c'est l'un des signes auxquels on les reconnaît (car le diable ne peut approcher une croix intacte). Idem pour les cimetières : il ne peut s'y tenir de sabbats que si le cimetière est à l'abandon, et que les croix, sur les tombes y sont cassées.

Culte du diable

Le culte du diable le plus élémentaire consiste, lors du sabbat, à se mettre à genoux, une chandelle noire à la main, et à lui baiser le cul.

DAGON

Démon qui, a la cour infernale, a les fonctions de boulanger et de grand panetier. Il a un buste d'homme et une queue de poisson, et aurait inventé l'agriculture.

DAMNATION

Sentence qui condamne à l'enfer.

Créature diabolique (XVIe siècle).

Démons (liste des)

Liste alphabétique des principaux démons établie par l'Église au canon 7 du concile de Braga (560-563) : Abigor, commande 60 légions de démons. / Abrasax. / Adramelech, président du Conseil Infernal. / Agaliarep, général. / Aguarès, chef de 36 légions. / Aloger, chef de 31 légions. / Amducias, chef de 29 légions. / Aamon, chef de 40 légions. / Andras, chef de 40 légions. / Asmodée, prince de 72 légions. / Astaroth. / Ayperos, prince de 36 légions. / Azazel, chef des anges déchus. / Bael, premier roi, chef de 66 légions. / Balan, roi des Enfers. / Bélémoth. / Bélial. / Belphégor. / Belzébuth. / Berith. / Caym, président des enfers. / Empuze. / Eurynomos. / Fleurety, lieutenant général de Lucifer. / Furfur, chef de 26 légions. / Lucifer, empereur. / Lucifuge, premier ministre. / Malphas, chef de 40 légions. / Mammon. / Moloch. / Nébiros. / Raum, chef de 20 légions. / Satanachia. etc.

Les démonologues ont réussi à quantifier le nombre de démons susceptibles d'épouvanter et de damner les malheureux mortels. Selon un ouvrage anonyme de 1481, il n'y en aurait pas moins de 7 405 920, sous la direction de 72 princes des ténèbres. Pour d'autres, il faut multiplier le grand nombre pythagoricien par 6, soit 1 234 321 x 6, ce qui donne 7 405 926 (avec un écart de 6, par rapport au nombre précédemment cité). D'autres encore, se fondant sur la terreur sans nom inspirée par le nombre 666, aboutissent à plus d'un milliard !

Toutes les traditions ont leurs esprits bénéfiques et leurs esprits maléfiques. Dieux ou anges quand ils se situent du côté positif, bien que certains d'entre eux puissent être neutres ou même franchement mauvais, et démons, quand ils sont de l'autre côté de cette invisible frontière qui sépare le Bien du Mal. Ici encore, existe toute une graduation dans le caractère négatif. Par ailleurs, il convient de préciser que démon chez Platon ou chez les néo-platoniciens a le sens d'âme ou de bon génie.

DIABLE (PORTRAIT DU)

Conseiller juridique au Parlement de Bordeaux, Pierre de Lancre (1553-1631), chargé de pourchasser les sorciers en Gascogne, rapporte sur le diable les témoignages suivants : *Les uns disent qu'il est comme un grand tronc d'arbre obscur, sans bras, sans pieds, assis dans une chaire et que son visage a forme humaine, mais d'une laideur extrême. D'autres qu'il est comme un grand bouc, ayant deux cornes devant et deux en derrière ; que celles de devant se rebrassent en haut comme la perruque d'une femme. Mais le commun est qu'il a seulement trois cornes et qu'il a quelque espèce de lumière en celle du milieu de laquelle il a accoutumé au Sabbat d'éclairer et de donner du feu. On lui voit aussi quelque espèce de bonnet ou chapeau au-dessus de ses cornes. Il a une grande queue au derrière avec une forme de visage au-dessous, duquel ne sort aucune parole et qu'il donne à baiser à ceux que bon lui semble, honorant certains sorciers ou sorcières plus les uns que les autres. D'autres disent qu'il est en forme d'un grand homme vêtu ténébreusement et qui ne veut être vu clairement, si bien qu'ils disent qu'il est tout flamboyant et le visage rouge comme un fer sortant de la fournaise.*

Vair, un théologien espagnol, énonce les principes suivants quant aux habitants de l'enfer: *Les démons peuvent feindre des sons semblables à la voix humaine par lesquels ils expriment ce qu'ils veulent; et nonobstant qu'ils n'aient ni dents, ni langue, ni poumons qui sont les instruments pour former la voix, ils peuvent le faire artificiellement, et par ce moyen, ils imitent le parler qu'ils laissent découler jusqu'aux oreilles des écoutants.*

Le jésuite espagnol Del Rio (1551-1611) éminent démonologue qui recommande de brûler non seulement ceux qui sont convaincus de sorcellerie, mais aussi leurs enfants et leurs juges s'ils s'avèrent trop cléments, parle de démons à corps d'hommes, *noirs, crasseux, puants et formidables*. Il leur voit le visage obscur, brun, barbouillé, le nez camus, la bouche ouverte et profondément fendue, les yeux caves et très étincelants, les mains et les pieds crochus, tels les vautours, les bras et les cuisses maigres et poilus avec des jambes d'ânes ou de chèvres.

L'abbé Trithème (1462-1516) dresse cette nomenclature infernale : *Le premier genre est de ceux que l'on appelle Ignés pour ce qu'ils errent autour de la suprême région de l'air et n'ont aucun commerce en terre avec les sorciers. Ceux du second genre ont la qualité d'Aériens pour ce qu'ils rôdent par l'air et demeurent fort près de nous. Ils peuvent descendre et, se formant des corps du plus gros de l'air, paraître aux hommes. Ils troublent l'air, excitent les tempêtes et tonnerres et tout ensemble battent en ruine le pauvre genre humain. Ils sont mués de passions tout ainsi que les hommes et se laissent emporter à leurs perturbations. Ils n'ont pas tous une même forme mais plusieurs qu'ils changent à volonté selon l'évocation des sorcières. Les démons du troisième genre sont appelés Terrestres et nous ne doutons pas qu'ils furent précipités du ciel en terre pour leurs démérites. Les uns habitent dans les bois et les forêts et tendent des pièges aux chasseurs, les autres en pleine et large campagne font égarer les voyageurs, le reste, moins furieux, se délecte d'habiter obscurément parmi les hommes. Les démons du quatrième genre portent le titre d'Aquatiques pour ce qu'ils demeurent autour des lacs et des rivières, plein de courroux, troublés, sans repos et frauduleux. Ils provoquent les tempêtes et*

Homme-loup,
Livre des Merveilles
du monde, *XIVe siècle.*

submergent les vaisseaux. Ceux-là, lorsqu'ils empruntent des corps visibles, apparaissent en général en sexe féminin. Les démons du cinquième genre sont nommés Souterrains pour ce qu'ils logent dans les grottes, les cavernes et autres concavités des montagnes. Ils s'attachent à ceux qui fouissent les puits et mines ou aux chercheurs de trésors cachés dedans la terre. Ils sont toujours prêts à provoquer la ruine du genre humain par ouvertures, par abîmes, par vomissement de flammes ou par croulement d'édifices. Ceux du sixième genre enfin sont de ceux qu'on nomme Lucifuges pour ce que ses représentants fuient le jour et ne peuvent prendre ou se former un corps que la nuit.

DOIGT

Quand on mange avec ses doigts, il ne faut utiliser que le pouce, l'index et le médius ; les deux autres doigts servent au diable lorsqu'il a faim. En Indonésie, les prêtres massaient le médius des moribonds afin de favoriser la sortie de leur âme par le bout de ce doigt. Étendre la main, les doigts bien écartés, vers quelqu'un est signe qu'on cherche à l'ensorceler. On porte son alliance à l'annulaire car l'on croyait que ce doigt était directement relié au cœur par une artère. Dans les évanouissements, c'est le doigt qu'il faut frotter en premier ; lorsqu'il vient à se nouer, c'est que la fin est proche…

DRAGON

Le dragon, animal diabolique a un sang qui guérit les plaies. On le nomme Gardien du Seuil lorsque, sur le chemin de la connaissance, il s'interpose à la marche de l'aspirant à l'initiation. Dans l'*Apocalypse*, c'est la Bête écarlate qui entraîne avec sa queue le tiers des étoiles du ciel. Il est « l'antique Serpent, celui qu'on appelle aussi le Diable ou Satan, le Séducteur de toute la terre ».

ELFES

Les elfes, proches des fées, sont dans les pays du Nord les génies des airs et de la terre. Leur roi, Oberon, est le roi des aulnes. Les nymphes, naïades, orcades et dryades appartiennent à la famille des elfes. On dépeint les elfes, selon Leroux de Lincy (*Livre des légendes*), comme ayant une grosse tête, de petites jambes et de longs bras ; quand ils sont debout, ils ne s'élèvent pas au-dessus de l'herbe des champs. Adroits, subtils, audacieux, malins, ils ont des qualités surhumaines.

Ceux qui vivent sous la terre et qui veillent à la garde des métaux sont réputés comme très habiles à forger des armes. Ceux qui vivent entre le ciel et la terre ou dans les rochers forment, en dansant, des cercles d'un vert brillant que l'on aperçoit sur le gazon. Par un beau clair de lune, on peut voir les femmes des elfes danser en rond sur les prairies ; un charme irrésistible entraîne ceux qui les rencontrent à danser avec elles : malheur à eux, car elles emportent les imprudents dans une ronde si vive, si animée, si rapide qu'ils tombent bientôt sans vie sur le gazon. Tout le monde ne voit pas les elfes ; ce don est surtout accordé aux humains nés un dimanche. Les elfes demeurent aussi dans les marais, au bord des fleuves ; ils prennent alors la forme d'un homme vieux, petit, avec un large chapeau sur la tête. Leurs femmes sont jeunes, belles, et d'un aspect attrayant, mais par-derrière elles sont creuses et vides. Elles savent jouer d'un instrument délicieux qui trouble l'esprit des hommes. Les femmes des elfes et des nains rappellent par leur beauté et la blancheur de leurs vêtements les fées. Mais cette beauté est trompeuse ; ces traits délicats peuvent se changer en des yeux caves, des joues décharnées, leur soyeuse chevelure faire place à quelques cheveux blancs.

On peut voir les elfes se baignant dans les eaux qu'ils habitent. Si un mortel s'approche d'eux, ils ouvrent leur bouche, et, atteint du souffle qui s'en échappe, le mortel meurt empoisonné. Les elfes punissent sévèrement les jeunes filles infidèles, et quand ils aiment une mortelle, ils sont doux et faciles à tromper. Les *gobelins* sont des elfes domestiques, qui demeurent souvent dans les châteaux et les habitations, s'attachant aux familles au point qu'on les entend gémir quand un malheur les frappe.

Enchantement

L'enchantement est l'art d'opérer des prodiges par des paroles chantées. On entend aussi par enchantement quelque chose de merveilleux.

Énergumène

Un énergumène est un possédé du démon.

Enfer

Chez les anciens Grecs, l'enfer, l'Hadès est le pays ténébreux où vivent les ombres. Le chien Cerbère en surveille les entrées. L'Hadès est sans châtiment, sans récompense. En Égypte, l'âme qui vient de franchir le Portail de la mort voit s'ouvrir devant elle le monde de l'au-delà. Le mort comparaît devant le grand Tribunal. S'il n'a pu se justifier, il est entraîné par un monstre à gueule de crocodile, et littéralement émietté.

C'est, pour les chrétiens, avec le *Nouveau Testament* que la doctrine eschatologique se met en place définitivement. L'enfer est nommé la *Géhenne de feu*. Les proscrits y seront tourmentés nuit et jour avec lcs diables. Certains Pères de l'Église ont émis des doutes quant à l'éternité des peines : toute peine, en effet, est expiatrice et corrective, et donc amélioratrice. Et toute amélioration conduit au salut. Le feu de l'enfer – qu'on n'allume ni n'entretient, brûle

Homme-chien,
Livre des Merveilles du monde, *XIVe siècle.*

sans se consumer et ses flammes n'éclairent pas parce que le lieu où il se tient est la Ténèbre qui absorbe tout. Les degrés des supplices y sont proportionnels à la gravité des fautes. Qui est en enfer? Selon les théologiens, quiconque meurt en état de péché mortel sans contrition. Mais concrètement, à part le diable et ses légions, les Évangiles ne désignent que Judas comme véritablcment réprouvé.

Envoûtement

Le sortilège de l'envoûtement a pour but de frapper un ennemi à distance. Les sorciers font une figure de cire de leurs ennemis (le *volt*, de vultus, effigie et visage, en latin), la piquent, la tourmentent, la fondent devant le feu, afin que les originaux vivants et animés ressentent les mêmes douleurs.

ÉVOCATION

Pour évoquer le diable, il faut un cérémonial. Une *Clavicule de Salomon* propose le rituel suivant : vers onze heures du soir, un samedi de première lune, l'officiant doit revêtir une robe noire, porter sur sa tête une tiare de plomb, mettre des bracelets de plomb ornés d'onyx, de saphir clair, de jais et de perles noires. Au doigt, un anneau de plomb, avec, incrustée, une gemme gravée d'un serpent enroulé. Se munir d'un pentacle de Saturne, où l'on a inscrit les noms des autres grands démons : + *Omliel* + *Anachiel* + *Arankial* + *Anazachia*. Se munir de poudre à fumigations, faite de soufre, chlorate, craie sèche, oxyde de cuivre. Ne pas oublier la baguette en saule, cueillie à la lune, avec ses sept bagues de sept métaux planétaires dans l'ordre : Soleil-or, Lune-argent, Mercure-mercure, Vénus-cuivre, Mars-fer, Jupiter-étain, Saturne-plomb.

Avoir son épée de mage, en plomb, gravée du signe de Saturne dans un hexagone. On s'en servira pour circonscrire au sol les cercles où s'enferme le mage. À la ceinture, un couteau neuf fabriqué soi-même, avec une lame trempée dans une huile consacrée et un manche de cyprès taillé à la lune croissante. Prendre une sanguine, et deux chandelles de cire bénite, et choisir un lieu solitaire où l'invocation puisse se dérouler sans trouble. Les vieux châteaux en ruines sont excellents car les esprits affectionnent ce genre de bâtisses ; une pièce retirée de la maison peut également servir. Avec la sanguine, tracer un triangle sur le plancher et placer les bougies des deux côtés du triangle. À sa base, écrire les lettres sacrées *IHS* flanquées de deux croix.

Se placer à l'intérieur du triangle avec la baguette de coudrier, les papiers portant le texte de la conjuration et les demandes, et appeler l'Esprit avec espoir et fermeté : *Empereur Lucifer, maître des esprits rebelles, je te prie de m'être favorable maintenant que j'appelle ton ministre, le grand Lucifer Rofocale, car je désire signer un contrat avec toi. Ô Astaroth ! grand Comte, sois également favorable et fais en sorte que le grand Lucifuge m'apparaisse en forme humaine et avec force et sans odeur mauvaise, et qu'il m'accorde, par le traité que je suis prêt à signer avec lui, toutes les richesses dont j'ai besoin. Ô grand Lucifuge ! Je te prie de quitter le lieu où tu habites, où qu'il puisse être, et de venir ici me parler. Si tu ne peux pas venir, je t'y contraindrai par le pouvoir du grand Dieu vivant, du Fils et de l'Esprit. Viens promptement, ou je te tourmenterai éternellement par la puissance de mes graves paroles et par la Grande Clé de Salomon, dont il usa pour obliger les Esprits rebelles à accepter un pacte. Aussi, apparais aussi vite que possible, ou bien je te tourmenterai continuellement par les puissantes paroles de la Clé : Aglon Tetagram Vaycheon Stimulamathon Erohares Retragsamathon Clyoran Icion Esition Existien Eryona Onera Erasyn Moyn Meffias Soter Emmanuel Sabaoth Adonaï, je t'appelle ! Amen.*

EXORCISME

L'exorcisme dans l'Écriture sainte est l'un des thèmes sur lesquels les textes reviennent le plus souvent. L'ordre des exorcistes apparaît dès le IIIe siècle. Saint Cyprien le mentionne ainsi que des inscriptions tumulaires. L'exorcistat fait partie des quatre ordres mineurs conférés aux futurs prêtres. Ceux qui en sont revêtus possèdent un double pouvoir contre la double action exercée par le démon sur les hommes : la tentation et la possession. Contre la tentation, il est d'usage de ne se servir que de l'exorcisme ordinaire : baptême, bénédiction des champs ou des maisons. Contre la possession, l'Église utilise des exorcismes solennels que seuls des ecclésiastiques spécialisés peuvent accomplir.

Car la lutte engagée n'est pas sans dangers moraux ni même physiques pour l'exécutant. Il ne serait pas sans risques, d'autre part, d'agir sur des malades mentaux dont une semblable cérémonie, au lieu de les guérir, pourrait aggraver les désordres.

Dans la possession véritable, le diable s'empare des organes de sa victime et se sert d'eux comme s'ils lui appartenaient en propre. Il actionne le système nerveux, fait s'agiter les membres, parle par la bouche du possédé. Les cas de possession ont toujours défrayé la chronique et effrayé l'Église. Au XVIe et XVIIe siècle, on exorcisait tout ce qui pouvait avoir un contact avec le Malin : eau, vin, sel, encens, soufre, parfums, herbes, onguents, lits, maisons, vêtements, etc., mais aussi les animaux impurs : vers serpents... Le pape Paul V (1552-1621) a consacré un ouvrage à cette discipline *(Rituale Romanum Pauli V Pontificis Maximi)*.

Passage sur l'évocation de l'esprit : *Je t'ordonne, Esprit Immonde, qui que tu sois, à toi et à tous tes compagnons obsédant ce serviteur de Dieu, je te commande, par les Mystères de l'Incarnation, de la Passion, de la Résurrection, et de l'Ascension de Notre Seigneur Jésus-Christ, par la mission de l'Esprit Saint, comme par le dernier Avènement de ce même Seigneur Jésus-Christ pour le Jugement Général, je te somme de me faire connaître, par un signe quelconque, ton nom, le jour et l'heure de ta sortie, de m'obéir en tout, à moi, quoiqu'indigne ministre du Christ, de ne nuire en rien à cette créature de Dieu, à ceux qui l'entourent, ou à leurs biens. Amen...*

Fantômes

On éloigne les fantômes en tenant à la main de l'ortie avec du millefeuille (d'après *Albert le Grand*).

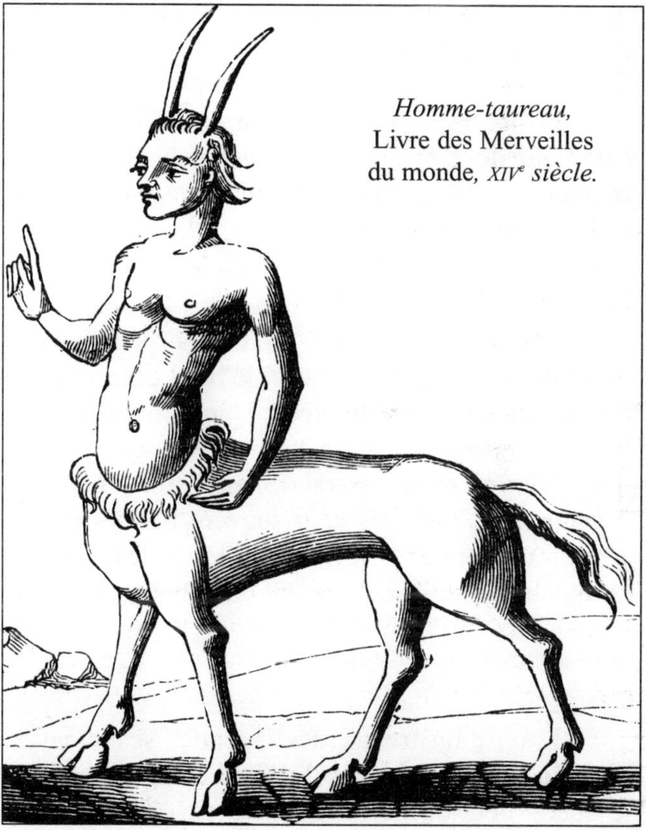

Homme-taureau,
Livre des Merveilles
du monde, *XIVe siècle.*

Farfadet

Le farfadet est une variété de lutin, que l'on peut voir et entendre la nuit. Mais la plupart des farfadets sont invisibles. Ils sont plutôt serviables envers les hommes.

Faune

Le faune a des cornes de bouc, et la forme d'un bouc de la ceinture jusqu'aux sabots. Ce serait un démon incube, mais sujet, lui, contrairement à la plupart des créatures diaboliques, à la mort.

Fées

Les fées habitent les forêts, les rochers et les châteaux. Le fond des forêts et le bord des fontaines sont le séjour favori des fées. Une de leurs principales occupations est de donner aux enfants des vertus plus ou moins extraordinaires, plus ou moins surnaturelles. Les fées sont souvent bonnes et dispensent de bonnes destinées ; toutefois les hommes à qui il arrive malheur peuvent l'attribuer, car il y en a aussi, aux méchantes fées.

Fenris

Loup monstrueux des légendes scandinaves. Enchaîné dans les enfers il doit, à la fin du monde, se libérer pour dévorer Odin, le maître des dieux.

Forêt

La forêt est, avec le carrefour, un lieu de prédilection pour l'organisation de sabbats, surtout si elle est profonde, et que sa feuillée rende invisibles les monstruosités qui s'y déroulent.

Fougère

La fougère est une plante appréciée des sorciers, qui en cueillent les graines la nuit précédant la Saint-Jean d'été. La graine de fougère peut rendre invisible. Si on la met dans une bourse, elle en double le contenu. Elle aide à avoir des visions et à faire apparaître les esprits...

Frêne

Le bois de frêne éloigne les esprits malfaisants.

Gâteau des rois

Lorsqu'on partage le gâteau des rois, on met à l'écart la part des absents. On garde cette part au sec ; si elle se conserve bien, c'est que les occupants de la maison sont en bonne santé ; si elle moisit, c'est que la maladie est dans les murs.

Gâteau triangulaire

On fait le gâteau triangulaire de Saint-Loup le 29 juillet en mélangeant trois farines de froment, seigle et orge, pétries avec trois œufs et trois cuillerées de sel, et on lui donne une forme triangulaire. On l'offre au premier pauvre qui passe, et l'on est ainsi, pour un an, protégé des maléfices.

GÉLUDE

Sorcière-vampire d'Orient. Elle entre dans les maisons malgré les serrures et suce le sang des enfants, quand elle ne leur mange pas le foie.

GNOMES

Habitants du monde souterrain où ils séjournent dans des grottes de cristal, les gnomes (du grec *gnomé* -, intelligence) gardent les trésors, les mines, les pierres précieuses. Ils protègent les mineurs mais menacent toute autre personne qui s'aventure dans leur royaume. Le bonnet d'un gnome rend invisible et permet de voir ce que les yeux ne peuvent discerner. Leur amitié ouvre toutes grandes les portes des richesses de la terre.

GOBELINS

Lutins domestiques qui vivent dans les endroits cachés des maisons, ou sous les tas de bois. Si le maître de maison les nourrit bien, ils le remercient en lui apportant du blé volé dans les greniers voisins. La manufacture des Gobelins, à Paris, leur devait son nom ; ils avaient transmis, à quelques ouvriers, le secret des riches couleurs des tapisseries qui faisaient la réputation de l'établissement.

Grenouille

Comme le crapaud, la grenouille est un animal diabolique. Lors des sept plaies promises par Moïse, elle s'abat en pluie sur l'Égypte et saint Jean la fait sortir, dans son *Apocalypse*, d'une gueule de dragon. Chez les Grecs, ceux qui déplaisaient aux Dieux étaient transformés en grenouilles, et dans les légendes, les princes ensorcelés en batraciens attendent le baiser des bergères pour reprendre leur aspect premier.

Mais la grenouille est aussi un porte-bonheur, quand elle entre dans une maison, et une amulette, quand on la porte morte et desséchée à même la poitrine. Sa représentation en bijou éloigne la maladie et attire la sympathie. Au XVIIe siècle, on attachait au cou d'un malade une rainette vivante, afin qu'elle prenne son mal. Si elle mourait rapidement, le malade allait guérir. Pour soigner verrues et panaris, il fallait les frotter avec une grenouille vivante. En mourant, elle emportait le mal.

L'os de grenouille, réduit en poudre dans du vin, était réputé aphrodisiaque chez les Romains. La même poudre était utilisée pour les envoûtements d'amour : on la mélangeait à la farine d'une galette, que l'on faisait déguster à la personne à séduire. Selon le Grand Albert : *prenez une grenouille verte, coupez-lui la tête sur un drap mortuaire, trempez le drap dans de l'huile de sureau, faites-en une mèche que vous allumerez dans une lampe verte, et on verra un homme noir, qui tiendra une lampe à la main, avec plusieurs autres choses curieuses.*

GRIFFON

Le griffon, animal diabolique est polyforme, gardien des tombeaux. Tête et serres d'aigle avec un corps de lion ailé. Lorsque son corps est celui d'un dragon, il est l'emblème de Satan. L'arrière-train s'achève alors par une queue de saurien.

Léviathan ou chien de mer (gravure sur bois de 1482).

GRIMOIRE

Un grimoire est un livre par lequel on peut évoquer et faire paraître le diable. Il faut d'ailleurs avoir soin, dès qu'il surgit, de lui lancer à la tête un objet (chiffon, pantoufle) ou un petit animal (souris) pour détourner son attention et sa méchanceté, sinon on risque d'avoir le cou tordu.

GUIVRE

Sorte de griffon des bestiaires médiévaux.

HABORYM

Démon des incendies, il chevauche une vipère et a trois têtes, de serpent, d'homme et de chat. Il tient une torche allumée et commande 26 légions.

HIBOU

Oiseau qui a la réputation d'être messager de mort : celui qui l'entend hululer va perdre prochainement un proche. Sa présence provoque la stérilité, mais, selon Pline, son œuf, mangé en omelette, guérit de l'ivrognerie.

INCUBES

Le démon incube est un démon masculin qui pénètre une femme, soit avec sa complicité, soit en profitant de son sommeil. Le démon succube est un démon femelle qui s'unit à un homme, consentant ou non, mais incapable de résister à sa lascivité.

À l'âge de douze ans sa mère la présenta au diable en forme de grand homme noir et vêtu de noir, botte, éperonné, avec une épée au côté et un cheval noir à la porte, auquel la mère dit : Voici ma fille que je vous ai promise, et à la fille : Voici votre ami qui vous fera bien heureuse, et dès lors elle renonça à Dieu, à la religion, et puis coucha avec elle charnellement en la même manière que font les hommes avec les femmes, hormis que la semence était froide. Cela, dit-elle, continua tous les quinze jours, même quand elle était couchée près de son mari sans qu'il s'en aperçût. Et un jour le diable lui demanda si elle voulait être enceinte de lui et elle ne voulut pas. (Jean Bodin, 1530-1596).

Invocation

D'après le *Dragon rouge*, grimoire de 1521, voici la « Grande appellation des esprits avec lesquels on veut faire pacte » : *Empereur Lucifer, maître de tous les Esprits rebelles, je te prie de m'être favorable dans l'Appellation que je fais à ton grand Ministre Lucifugé Rofocale, ayant envie de faire pacte avec lui, je te prie aussi Prince Belzébuth de me protéger dans mon entreprise. Oh ! Comte Astarot, sois-moi propice et fais que dans cette nuit le grand Lucifugé m'apparaisse sous une forme humaine, et sans aucune mauvaise odeur, et qu'il m'accorde, par le moyen du Pacte que je vais lui présenter, toutes les Richesses dont j'ai besoin.*

Oh ! Grand Lucifugé je te prie de quitter ta demeure dans quelle partie du Monde qu'elle soit pour venir me parler, sinon je t'y contraindrai par la force du grand Dieu vivant, de son cher Fils et du Saint Esprit, obéis promptement ou tu vas être éternellement tourmenté par la force des Puissantes paroles de la grande clavicule de Salomon, de laquelle il se servait pour obliger les Esprits rebelles à recevoir son Pacte. Ainsi, parais au plus tôt où je te vais continuellement tourmenter par la force de ces puissantes paroles de la Clavicule, Aglon, Tétragram ; vaycheon stimulamathon erphares retragrammaton olyoran irion esytion existion eryona onera erasym moym meffias soter Emmanuel Sabaoth Adonay, le adoro, et t'invoque. Amen.

Attention : ceux qui ont des rousseurs au visage ne peuvent faire venir les démons !

KOBOLD

De la famille des lutins, c'est un nain avec des habits bariolés et un bonnet rouge. Honoré par les valets et les servantes d'Allemagne, il leur rend des services, étrille les chevaux, lave la maison, veille au bon ordre de la cuisine. Si on l'insulte, il verse du poison ou du sang de vipère dans les plats…

Lamies

Démons aux visages de femmes qui hantent les cimetières pour y déterrer les cadavres et les manger, ne laissant que leurs ossements. Elles doivent leur nom à la reine de Libye Lamia, qui fendait le ventre des femmes enceintes pour se nourrir des embryons car Junon, jalouse qu'elle attende un enfant de Jupiter, l'avait faite avorter.

Larves

Les larves ont un corps aérien formé de la vapeur du sang ou de la semence. C'est pourquoi elles cherchent le sang répandu et se nourrissaient autrefois de la fumée des sacrifices. Ce sont leurs enfants monstrueux que l'on appelle incubes et succubes. Elles se produisent surtout autour des êtres sans moralité que leur isolement abandonne au dérèglement des sens. Elles sont des appendices vaporeux du corps réel de ceux qui les ont créées ou qui se les approprient en les évoquant. Ainsi, si l'on blesse leur apparence de corps, leur « père » peut être réellement blessé. Elles craignent le grand air, le feu et la pointe des épées. Elles attirent à elles la chaleur vitale des personnes bien portantes, et épuisent rapidement celles qui sont faibles.

Les larves sont aussi les âmes des méchants qui errent pour épouvanter les vivants. On les confond souvent avec les lémures, mais elles sont plus effrayantes. Lorsque Caligula, empereur fou célèbre pour sa cruauté, fut assassiné, son palais resta inhabitable jusqu'à ses funérailles à cause des larves qui y pullulaient (d'après Éliphas Lévy et Jacques Collin de Plancy).

Légions diaboliques

Il y a aux enfers 6 666 légions (666, le chiffre de la Bête, dans l'*Apocalypse*) ; chaque légion est composée de 6 666 diables, ce qui porte le nombre de tous ces démons à 44 435 556, à la tête desquels se trouvent 72 chefs, selon les calculs de Jean Wier. Mais d'autres démonologues mieux informés estiment beaucoup plus élevé le nombre des démons.

Lémures

Génies malfaisants ou âmes des damnés qui reviennent tourmenter les vivants. Les vampires en font partie.

Léonard

Maître des sabbats, il les préside sous la figure d'un bouc de haute taille. Il a trois cornes sur la tête, deux oreilles de renard, les cheveux hérissés, les yeux ronds, enflammés et fort ouverts, une barbe de chèvre et un visage à la place du postérieur ; c'est ce visage que les sorciers baisent avec une chandelle verte à la main.

LÉVIATHAN

Grand amiral de l'enfer. Il apprend à mentir et à en imposer, est tenace, ferme et difficile à exorciser. Dans la Bible, on appelle aussi Léviathan un poisson immense, un monstre des eaux.

LILITH

Princesse des démons succubes, elle et ses créatures lamies cherchent à faire périr les nouveaux nés. Les talmudistes disent qu'avant Ève, Adam eut Lilith pour épouse ; refusant de se soumettre à Adam, elle quitta l'Éden pour errer dans l'espace.

LOUP

Pour les Germains et les Scandinaves, le loup était unc créature du diable. La musique d'un violon monté avec de cordes en intestins de loup provoque la panique dans un troupeau de moutons.

LOUPS-GAROUS

Les loups-garous sont des hommes ou des femmes qui se métamorphosent en loups pendant la nuit et errent dans les campagnes en poussant d'affreux hurlements. Un loup-garou ayant été capturé dans les rues de Padoue, on lui coupa les pattes ; ayant repris sa forme humaine, il resta amputé des bras et des pieds. Pour rendre à un loup-garou sa forme humaine, il faut lui donner un coup de fourche entre les deux yeux. Les loups-garous se nourrissent de chair fraîche, avec une prédilection pour celle des chiens et des enfants. Leur peau est d'un cuir si dur qu'il résiste aux balles de fusil, sauf si elles ont été bénites à minuit, dans une chapelle dédiée à saint Hubert. (d'après J. Collin de Plancy).

LUCIFER

Selon les magiciens, Lucifer, le Porteur de lumière est l'esprit qui préside à l'orient. D'après certains, il est le roi des enfers, le supérieur de Satan. Pour d'autres, il ne fait qu'un avec ce même Satan. Lucifer, c'est l'ange déchu du christianisme qui fut précipité du Ciel, entraînant avec lui d'autres anges rebelles. Selon l'*Apocalypse*, Lucifer donnera

Monstres apparus dans le ciel (gravure du XVIe siècle).

aux Justes l'*Étoile du Matin*. Dans la tradition gnostique, Lucifer est une étoile tombée du ciel. Cette étoile ou émeraude est accrochée entre les yeux de Lucifer, comme un troisième œil. Tout le mal devant être racheté à la fin des temps, ce sera à ce moment-là que Lucifer remettra l'*Étoile du Matin* au Christ et retrouvera du même coup son état angélique. *Mentionné dans la liste des principaux démons au concile de Braga.*

LUTINS

Les lutins, tous de petite taille, sont plus malicieux que méchants. Pendant la nuit, ils pillent volontiers la cave et le garde-manger de la maison où ils ont choisi de vivre.

MAGIE

On distingue deux sortes de magie : la haute magie, ou magie blanche, nommée théurgie (qui fut pratiquée par les évêques des premiers siècles) et la basse magie ou magie noire, nommée goétie. La première s'adressait aux forces célestes, aux bons esprits ; la seconde aux génies terrestres, aux mauvais esprits. La magie noire se pratiquait la nuit autour des tombeaux, avec force incantations. Elle avait pour but de faire du mal, d'exciter des passions déréglées, de porter au crime. On invoquait des démons malfaisants pour nuire aux hommes.

La magie noire pouvait aller jusqu'à des sacrifices humains (Gilles de Rais, le tueur d'enfants, fut condamné pour magie noire) et au viol de sépultures : on cherchait sur les cadavres divers ingrédients qui entraient dans les compositions des charmes et maléfices. Pour ces maléfices, on employait aussi des herbes vénéneuses. On regroupa sous le nom générique de sorciers tous ceux qui prétendaient avoir le pouvoir de jeter des sorts sur les hommes et les animaux, de les frapper de maladie ou de mort, d'intervenir dans l'ordre de la nature, de commander aux éléments, de changer les saisons, de faire sécher ou pourrir les moissons sur pied, d'empêcher la maturité des fruits…

Dans la magie blanche, au contraire, on n'invoquait que les dieux bienfaisants pour procurer du bien aux hommes. Tous les magiciens s'attribuaient l'invocation des morts. Pour cela, ils dressaient un autel dans une caverne, ils offraient un sacrifice, traçaient un cercle autour de l'autel avec leur baguette, le parcouraient plusieurs fois, l'arrosaient de sang, et par certaines invocations forçaient les mânes (esprits des morts) à se montrer. La magie noire a perduré dans les campagnes, avec le sorcier *jeteux de sort*. Mais celui qui exerce cet art coupable doit s'attendre au « choc en retour » : si ses sortilèges sont démasqués par un autre sorcier, c'est lui qui devient victime de ses propres maléfices.

MALÉFICES

On appelle sortilèges ou maléfices toutes pratiques superstitieuses employées dans le dessein de nuire aux hommes, aux animaux ou aux fruits de la terre. On appelle aussi maléfices les maladies et accidents causés par un art infernal et qui ne peuvent s'enlever que par un pouvoir surnaturel. Il y a sept principales sortes de maléfices employés par les sorciers : – Ils mettent dans le cœur une passion criminelle ; ils inspirent des sentiments de haine ou d'envie à une personne contre une autre ; ils jettent des ligatures (pour provoquer l'impuissance masculine) ; ils donnent des maladies ; ils font mourir les gens ; ils ôtent l'usage de la raison ; ils appauvrissent leurs ennemis en s'attaquant à leurs biens.

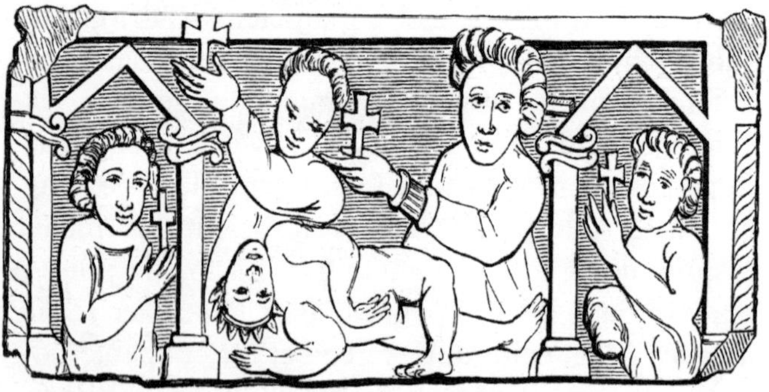

Séance d'exorcisme (d'après un bas-relief de Pérouse du IVe siècle ou du Ve siècle).

MALIN

L'un des surnoms du diable.

MALPHAS

Démon qui apparaît sous la forme d'un corbeau, et qui a une réputation de grand bâtisseur. Sa voix est rauque et il commande à 40 légions. *Mentionné dans la liste des principaux démons au concile de Braga.*

MAMMON

Démon de l'avarice qui a appris aux hommes à fouiller la terre pour en arracher les trésors minéraux qu'elle contient et qui sont, habituellement, confiés à la garde des nains. *Mentionné dans la liste des principaux démons au concile de Braga.*

MANTICORE

Le manticore est un animal diabolique, un léocentaure regardé comme l'antithèse du lion christique. *Les Mantichores*, dit Rabelais, *sont bêtes bien étranges : elles ont le corps comme d'un lion, le poil rouge, la face et les oreilles d'un homme, trois rangs de dents entrant les unes dedans les autres comme des doigts entrelacés. En la queue elles ont aiguillon duquel elles poignent comme font les scorpions, et ont la voix fort mélodieuse.*

Marchocias

Démon qui a l'aspect d'une louve féroce, avec des ailes de griffon et une queue de serpent ; il vomit des flammes et commande 30 légions.

Marque du Diable

Pour prouver qu'un individu soupçonné de sorcellerie avait fait un pacte avec le diable, les inquisiteurs cherchaient la marque diabolique. Cette marque avait pour particularité d'être indolore ;

Diable en habit d'homme, d'après la Chronique de Nuremberg, *1493.*

c'est pourquoi, lors des interrogatoires, on piquait l'accusé(e) en lui enfonçant profondément des aiguilles dans le corps, notamment autour des grains de beauté, verrues et près des organes génitaux, car le Diable applique sa marque de préférence sur le sexe ou le cou – et malheur à celui (ou à celle) qui ne réagissait pas, parce qu'épuisé(e) par les tortures. La marque du Diable, ce minuscule morceau de peau peut avoir la forme (approximative, tant il est minuscule, mais cela n'entamait pas la certitude des bourreaux) d'un lièvre, d'une patte de crapaud, d'un chat, d'une chouette ou autres animaux diaboliques.

Messe noire

La messe noire est la cérémonie à laquelle les sorciers et les satanistes se livrent lors du sabbat. C'est une parodie de la messe catholique, où l'hostie, noire, est parfois enduite de sperme, où le vin est remplacé par du sang, où l'urine du diable tient lieu d'eau bénite... L'autel peut être le ventre nu d'une femme... Le rituel varie, selon les aveux arrachés aux sorcières par les juges-démonologues.

Minotaure

Le minotaure, animal diabolique, est le monstre taurocéphale de la mythologie égéenne. On peut y voir le contraire des Chérubins bibliques, qui sont, eux, des taureaux ailés à face humaine.

Minuit

L'heure du crime, celle où débute le sabbat des sorciers, où apparaissent spectres et démons.

Mois et démons

Janvier est le mois de Bélial ; février le mois de Léviathan ; mars le mois de Satan ; avril le mois d'Astarté ; mai le mois de Lucifer ; juin le mois de Berith ; juillet le mois de Belzébuth ; août le mois d'Astaroth ; septembre le mois de Thamuz ; octobre le mois de Baal ; novembre le mois d'Hécate ; décembre le mois de Moloch.

Moloch

C'est le dieu de la fatalité, qui dévore les enfants. Il était adoré, sous la figure d'une statue de bronze, des Ammonites, peuple en guerre contre David. Dans l'Antiquité biblique, le diable apparaît sous le nom de Moloch (ou *Mélek*: roi, dans les langues sémitiques) auquel on rendait un culte sanglant qui aurait été implanté en Sardaigne, et d'où l'expression « rire sardonique » provenant du rictus des victimes soumises au supplice du feu. Moabites, Phéniciens, Carthaginois et certains Hébreux idolâtraient un Moloch avec une apparence humaine surmontée d'une tête de taureau. Moloch fut souvent confondu avec Baal (*Ba'Al-Belit*, ouragan et fertilité, couple de dieux adoré par les Sémites), ou encore avec le Minotaure. Livrer ses enfants à Moloch, c'était les brûler vifs en sacrifice. Jéhovah interdit de telles pratiques par la voix de Moïse (*Lévitique*, XVIII-21), ce qui n'empêcha pas la poursuite du culte. Le roi Salomon fit élever un temple à Moloch dans la vallée d'Ennon, à Tophet (ce nom proviendrait de *toph* – tambour – parce que les prêtres couvraient les cris des victimes par le bruit des tambours).

Selon certaines descriptions, Moloch était représenté par une statue de bronze, creuse, divisée en sept parties. Les six premières recevaient un animal et la septième un être humain, le plus souvent un enfant. Achaz et Manassès, rois de Juda, sacrifièrent ainsi leurs fils. Vers 300 av. J.-C., les Carthaginois assiégés par le tyran de Syracuse sacrifièrent deux cents enfants à Moloch, pour obtenir sa protection ; croyant avoir déplu à la divinité en ne lui ayant offert, antérieurement, que des enfants n'appartenant pas à de grandes familles, ils furent trois cents, ensuite, à s'immoler volontairement. Si l'on ne brûlait pas son enfant, on le consacrait à Moloch en lui faisant traverser des flammes devant la statue du dieu ; on retrouve cette tradition dans le saut du feu de la Saint-Jean. Le culte sacrificiel de Moloch, démiurge vindicatif, impitoyable, qui exige l'obéissance jusqu'à l'ultime sacrifice, se retrouve dans nombre d'ethnies primitives. *Mentionné dans la liste des principaux démons au concile de Braga.*

Nains

Les nains sont des créatures qui travaillent souvent dans les mines, et connaissent l'art de tirer les métaux des entrailles de la terre. Ils sont aussi habiles dans l'art de travailler ces métaux. Ils ont un tablier de cuir autour des reins, sont petits, courbés comme des vieillards et de nature fort gaie. C'est au fond des grottes, dans les flancs des montagnes qu'ils cachent leurs mystérieux ateliers. Là, ils forgent, trempent, damasquinent des armes redoutables dont ils ont doté les dieux et parfois les mortels. Ils sont les héritiers des titans qui assistaient, dans les entrailles du volcan Etna, Vulcain, le dieu-forgeron.

Nécromancie

Opération de magie noire, qui consiste à invoquer les morts. Les expériences de nécromancie sont presque toujours, tôt ou tard, funestes à ceux qui s'y livrent, car le Diable ne pardonne pas. Lorsqu'on a mis une fois le pied sur le seuil de l'autre monde, il faut mourir, et souvent d'une manière étrange et terrible. Cela commence par des vertiges, et finit par la catalepsie et la folie. En présence de ceux qui pratiquent la nécromancie, une perturbation se fait dans l'atmosphère, les boiseries craquent, les portes tremblent et grincent. Des signes bizarres, parfois sanglants, semblent s'imprimer d'eux-mêmes sur du parchemin vierge ou sur des linges : on les appelle écritures diaboliques. La nécromancie se pratique de préférence dans de profondes cavernes. Isabelle la catholique en fit murer plusieurs à Séville, Tolède et Salamanque. Le prophète Isaïe condamne ceux qui demandent aux morts des oracles sur les vivants, et ceux qui dorment sur les tombeaux pour avoir des rêves divinatoires. En Thessalie, on arrosait un cadavre de sang chaud afin d'en recevoir des messages divinatoires. Ceux qui consultaient le mort devaient auparavant avoir fait des sacrifices aux mânes du défunt, sinon il restait sourd à leurs questions. Saül, le roi biblique, eut recours à la nécromancie pour consulter l'ombre du prophète et juge Samuel. L'empereur Constantin, devenu chrétien, interdit la nécromancie.

Dans toutes les croyances, ceux qui troublent le repos des tombes sont considérés comme impies. Rappeler des morts sur terre, c'est les condamner à mourir deux fois. Et laisser un cadavre sans sépulture, c'est l'exposer à être profané par les stryges et à servir à des pratiques de magie noire. Les âmes des hommes dont les corps ne sont point inhumés restent près de leurs cadavres. Les magiciens en abusent alors pour leurs opérations en les forçant à leur obéir lorsqu'ils sont maîtres du cadavre, soit en entier, soit en partie (d'après Éliphas Lévy et Jacques Collin de Plancy).

Nymphe

Démons femelles aux formes harmonieuses, les nymphes, dans la mythologie grecque, étaient des divinités des bois, des sources et des montagnes. Elles présidaient à la naissance des enfants, assistaient les enfants au berceau... Zeus fut nourri par une nymphe. Elles couraient très vite pour échapper aux mortels et aux demi-dieux que leur beauté émoustillait, mais parfois se laissaient séduire. Elles pouvaient avoir des enfants des hommes. Plus tard, les fées des sources et des fontaines (notamment celles de la mythologie celte) les remplacèrent.

Œil (mauvais)

On attribue au seul regard du sorcier la faculté de rendre stérile une terre, de nuire aux récoltes, de porter malheur aux familles : c'est le mauvais œil. Par ses paroles, il commande aussi aux vents, à la grêle, à la sécheresse et à la foudre.

Ondin / Ondine

L'eau recèle aussi ses esprits élémentaires. Dans les légendes scandinaves, les ondines enlèvent les jeunes gens dans leurs palais aquatiques où les jours passent comme des minutes. Lorsque les malheureuses victimes reviennent sur terre, des générations ont passé.

PACTE AVEC LE DIABLE

Tous les grimoires et ouvrages de magie du Moyen Âge ou de la Renaissance donnent des formules permettant d'entrer en contact avec les démons. Si le prince des Ténèbres donne une réponse favorable, elle est assortie d'une contrepartie : l'auteur du pacte promet de se livrer, corps et âme, au bout de vingt ans. Il faut qu'il ait été écrit sur du parchemin, avec le sang du signataire et jeté à la face du diable. Certains s'exercent à invoquer le diable à la croisée des chemins, après avoir sacrifié une poule noire, puisque les animaux noirs sont destinés aux puissances du monde d'En bas, comme le précisait déjà Homère dans l'Odyssée.

Selon l'auteur anonyme *De la vocation des magiciens et des magiciennes*, ouvrage paru en 1623, il aurait été conservé le texte du pacte avec le diable passé par Louis Gaufridy, un abbé qui, sous Henri IV, fut accusé de sorcellerie : *Je, Louis prêtre, renonce à tous et à chacun des biens spirituels et corporels, qui me pourraient être donnés et m'arriver de la part de Dieu, de la Vierge, et de tous les saints et saintes ; et principalement de la part de Jean-Baptiste son patron, et des saints apôtres Pierre et Paul et de saint François. Et à toi, Lucifer, que te voie, et sais être devant moi, je me donne moi-même, avec toutes les bonnes œuvres que je ferai, excepté la valeur et le fruit des sacrements, au respect de ceux à qui je les administrerai, et en cette manière j'ai signé ces choses et les atteste.*

Lucifer, de son côté, aurait pris à l'égard de Louis Gaufridy l'engagement suivant : *Je, Lucifer, promets sous mon seing, à toi seigneur Louis Gaufridy prêtre, de te donner vertu et puissance, d'ensorceler par le soufflement de bouche toutes et chacunes les femmes et les filles que tu désireras : en foi de quoi j'ai signé Lucifer.*

PAN

Dieu des campagnes et de la musique dans la mythologie gréco-latine, Pan apparaît avec une queue et des pieds de bouc, un torse velu, un visage barbu terriblement laid et des cornes, ce qui l'a fait, par la suite, assimiler au diable. Du diable, il a aussi l'appétit sexuel : vivant dans les montagnes, les forêts, les bosquets, perpétuellement émoustillé par les jeunes filles et les nymphes, il joue de sa flûte pour les charmer ; mais, à cause de sa laideur et de sa sexualité bestiale, elles l'éconduisent.

PÉCHÉS

Les péchés capitaux ont chacun leur démon. Orgueil : Lucifer ; Envie : Léviathan ; Colère : Satan ; Luxure : Asmodée ; Avarice : Mammon ; Gourmandise : Belzébuth ; Paresse : Belphégor (d'après Peter Bonsfeld, XVIe siècle)

PETIT PIERRE

Démon qui vient chercher les âmes de ceux qui ont fait pacte avec le diable lorsqu'ils sont à l'agonie. Il paraît alors près du lit sous l'aspect d'un nain.

PISTRIX

La pistrix, animal diabolique, est un monstre infernal marin assimilable au Léviathan. Elle cause les naufrages et dévore les matelots. Sa tête est celle d'un dragon au lieu de la tête de cheval que présente l'hippocampe ; à la place des membres antérieurs, elle possède deux nageoires.

POULE NOIRE

Pour faire venir le diable afin de lier un pacte avec lui, il faut, à minuit, dans un carrefour isolé, sacrifier une poule noire. On prononce une conjuration sans se retourner, on fait un trou dans la terre pour y répandre le sang de la poule et l'y enterrcr. Soit le jour même, soit neuf jours après, le diable vient et donne l'argent.

Ou bien il donne en échange une autre poule noire, mais qui, celle-là, pond des œufs d'or.

PRUFLAS

Pruflas, dit aussi Busas, est un démon à corps d'homme et tête de hibou. Il provoque les querelles et a 26 légions sous ses ordres.

PURSAN

Pursan, ou Curson, est un démon avec une tête proche de celle du lion, sur une forme humaine. Il porte une couleuvre et est souvent monté sur un ours, précédé du son de la trompette. Il connaît l'avenir et l'emplacement des trésors enfouis. Vingt-deux légions infernales lui obéissent.

REVENANT

Un revenant est la manifestation, parmi les vivants, d'un défunt. Spectres, fantômes, ectoplasmes, revenants et autres entités similaires appartiennent aux influences errantes encore fixées à la dépouille mortelle d'un individu humain mais incapables de la moindre cohérence parce que dépourvues de toute conscience véritable. Les rites funéraires sont destinés à empêcher leurs manifestations car ils agissent précisément sur les éléments psychiques du trépassé.

L'une des plus célèbres histoires du retour importun d'âmes non apaisées est celle du joueur de flûte de Hamelin, ou Hameln, survenue en 1384 dans la localité de Haute-Saxe. Cette ville était alors envahie par une si prodigieuse quantité de rats que tout le grain qui se trouvait dans les greniers en fut ravagé. En ce temps-là arriva à Hameln un inconnu qui s'engagea à délivrer la population de ce fléau en échange d'une récompense. L'homme tira alors de sa manche un fifre et se mit à jouer. Tous les rongeurs sortirent aussitôt de leurs trous et se mirent à le suivre. Il les mena à la rivière où la totalité se jeta et se noya. Au retour, il vint demander sa récompense. On la lui refusa, prétextant la facilité avec laquelle il s'était acquitté de sa tâche.

Le lendemain qui était un jour de fête, l'homme attendit que les bourgeois fussent entrés à l'église et, par le moyen d'une nouvelle flûte dont il tira d'étranges sonorités, il assembla autour de lui tous les enfants de moins de quatorze ans. Il s'en trouva bientôt cent trente. Se mettant en marche, il les conduisit en direction d'une montagne voisine où se faisait l'exécution des criminels, et les fit pénétrer dans une caverne. On ne les revit jamais.

Le samedi qui suivit les obsèques d'un notable bourgeois d'Oppenheim, Birck Humbert, mort en novembre 1620, peu de jours après la Saint-Martin, on entendit certains bruits dans la maison où il avait demeuré avec sa première femme ; car, étant veuf, il s'était remarié. Son beau-frère soupçonnant que c'était lui qui revenait, lui dit : *Si vous êtes Humbert, frappez trois coups contre le mur*. En effet, on entendit trois coups seulement; d'ordinaire, il en frappait davantage. Il se faisait entendre aussi à la fontaine où l'on allait puiser de l'eau, et troublait le voisinage, se manifestant par des coups redoublés, un gémissement, un coup de sifflet ou un cri lamentable. Cela dura environ six mois.

Au bout d'un an, peu après son anniversaire, il se fit entendre de nouveau plus fort qu'auparavant. On lui demanda ce qu'il souhaitait; il répondit d'une voix rauque et basse: *Faites venir, samedi prochain, le curé et mes enfants*. Le curé étant malade ne put venir que le lundi suivant, accompagné de bon nombre de personnes.

On demanda au mort s'il désirait des messes. Il en désira trois. S'il voulait qu'on fît des aumônes. Il répondit: *Je souhaite qu'on donne aux pauvres huit mesures de grain; que ma veuve fasse des cadeaux à tous mes enfants, et qu'on réforme ce qui a été mal distribué dans ma succession*, somme qui se montait à vingt florins.

Quand on lui demanda pourquoi il se manifestait dans cette maison plutôt que dans une autre, il répondit qu'il y était forcé par des conjurations et des malédictions. Il confirma aussi avoir reçu les sacrements de l'Église. On lui demanda de réciter un Pater et un Ave, ce qu'il fit avec peine car, assura-t-il, le mauvais esprit ne lui permettait pas de dire au curé beaucoup d'autres choses.

Le curé se rendit dans une abbaye afin de prendre l'avis du supérieur-abbé. On lui donna trois religieux pour l'aider de leurs conseils. Ils se rendirent à la maison, et dirent à Humbert de frapper la muraille ; il frappa doucement. *Allez chercher une pierre*, lui dit-on, *et frappez plus fort*. Ce qu'il fit. Quelqu'un, à l'oreille de son voisin, dit, le plus bas possible : *Je souhaite qu'il frappe sept fois*, et aussitôt l'âme frappa sept fois. Le lendemain, les trois messes que le revenant avait demandées furent dites. On se disposa aussi à faire un pèlerinage qu'il avait demandé dans son dernier entretien. On promit de faire des aumônes, et dès que ses dernières volontés furent exécutées, Humbert Birck ne revint plus. (d'après le *Livre des prodigues*, édition de 1821).

RONWE

Démon d'apparence monstrueuse qui procure le don des langues. Il a sous ses ordres 19 légions.

SABBAT

Le Sabbat, c'est l'assemblée nocturne des sorciers et sorcières dont le Diable assure le patronage. En voici un, tel qu'on l'imaginait au Moyen Âge : un champ désert, des ruines, peut-être un cimetière ; sinon le carrefour de plusieurs chemins. La nuit est complète. La lune monte rouge, énorme, précisant peu à peu les formes indistinctes qui s'agitent sur la lande : tout un bestiaire immonde qui s'avance et s'agglutine tandis qu'arrivent de tous côtés des femmes hurlantes, échevelées, entièrement nues, caracolant sur des balais qui se cabrent et ruent tour à tour. Aussi dévêtus qu'elles, des hommes se mêlent à elles tandis que de tous les points de l'horizon surgissent des démons aux formes les plus saugrenues. Tous se sont enduits d'un onguent, réplique inversée du Saint Chrême utilisé par l'Église et qu'on dit fait avec la graisse d'un petit enfant assassiné.

Har Sabbat ! Har Sabbat ! hurlent les arrivants cependant qu'au milieu d'eux s'agite un petit animal de la grosseur d'un écureuil : c'est maître Léonard. Le souverain de cette nuit fatidique. Le Diable. D'un seul coup, toute cette foule jusqu'alors accroupie s'cst levée. Léonard, en un instant, a grandi de deux mètres. C'est à présent un bouc monstrueux dont les cornes torses pointent vers le ciel. Alentour, des feux s'allument subitement et voici qu'une flamme plus vive, dans un craquement électrique, vient se poser entre ses cornes.

En procession, la foule vient y allumer des cierges noirs. Léonard présente ensuite à ses invités son derrière à baiser qui, par enchantement, apparaît à chacun comme le visage de la séduction. Toutefois, il en sort des ventosités d'une horrible odeur. C'est la contrefaçon du *baiser de paix*.

Il gagne alors pompeusement une petite éminence où est disposée une énorme pierre plate qui, dans un instant, va tenir lieu d'autel pour la cérémonie sacrilège. De cet emplacement, il domine toute l'assemblée tandis que de partout monte l'assourdissant concert de mille voix discordantes. On procède alors à une confession générale et publique durant laquelle chacun dévoile les plus noirs forfaits qu'il a pu commettre depuis la dernière réunion. Peu après, un mouton noir, gigantesque, dont les yeux semblent de braise, accourt comme la tempête de la région du couchant. À cheval sur ce singulier coursier paraît une jeune fille qui n'a d'autre vêtement que sa chevelure. C'est la Reine du Sabbat.

Descendue de sa monture, elle se tient devant le Diable. Celui-ci lève sa baguette d'or et se rend alors en grande pompe vers un trou creusé à même le sol afin d'y uriner le premier. Ses acolytes l'imitent pieusement, puis la foule entière : ce sera l'eau lustrale pour les aspersions et le baptême de la Reine. Chacun y trempe deux doigts de la main gauche et se signe à rebours. Après quoi, Léonard revient vers l'autel en compagnie de la jeune vierge et l'y couche sans ménagement afin qu'elle y reçoive les sacrements de l'enfer. Enduite d'un onguent magique, renversée sur la dalle de pierre, elle va subir les embrassements du Démon. Une ronde frénétique se met en mouvement autour du couple maudit, interrompue seulement par les ébats ignobles auxquels se livrent les cohortes bruissantes qui l'animent. Cependant, sur le corps de la nouvelle prêtresse, le Bouc-puant officie. Sur les reins de cet autel vivant, il pétrit et consacre le pain de l'impureté, l'offrande du mal qui sera distribuée à tous : c'est la communion infernale.

Un nuage épais masque soudain la lune. Seules les flammes des brasiers éclairent la lande. Léonard, levant sa queue touffue, laisse tomber sous lui un chapelet de crottes noirâtres que ses disciples s'empressent de ramasser : ils en feront leurs élixirs, leurs philtres, leurs poisons. Les uns pour l'amour, pour la folie, pour la mort ; d'autres pour la stérilité des hommes, des bêtes, des champs ; d'autres pour la pestilence de l'air ; d'autres encore pour provo-

Monstre apparu dans le ciel (gravure sur bois du XVIe siècle).

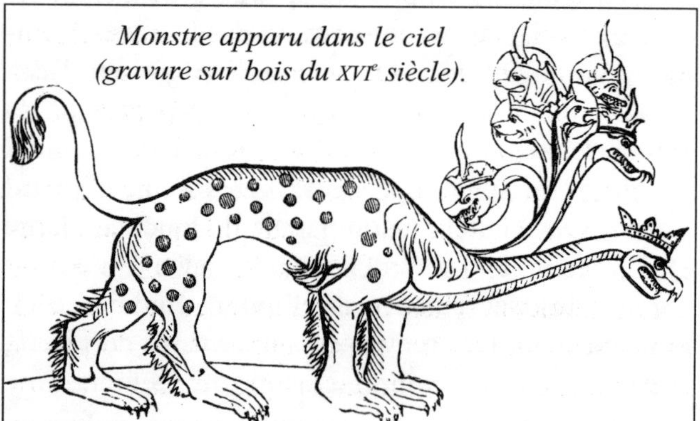

quer les épidémies. À présent, la Reine s'est levée. Souillée par son innommable amant, elle menace le ciel de son poing et s'écrie d'une voix sauvage: *Foudre de Dieu, frappe donc si tu l'oses!* Commence à présent une danse furieuse, éperdue, effrontée, lubrique, scandée par les litanies infernales: *Har! Har! Le Diable saute ici, le Diable saute là! Har Sabbat! Har Sabbat!* Et ce n'est plus qu'un long frémissement de luxure.

Diverses tables ont été disposées, chargées de morceaux friands car le Diable use de la bonne chère pour ses suppôts. Avant que d'entamer l'orgie, il bénit la table et la compagnie par des formules blasphématoires. Chaque sorcière s'assied alors, et chacune a son démon près d'elle. Au festin de sabbat, il n'y a pas de sel. Le pain y est fait de farine de pois. Les viandes sont de la chair de chien ou de chat volé; plus elles sont avancées en putréfaction, meilleures elles sont. On y mange aussi des cadavres d'enfants ou des corps de sorciers déterrés, en ragoût. On ne boit que des liqueurs.

Le vin, l'huile, le sel et tout ce que l'Église bénit sont exclus du festin, pendant lequel sorcières et démons jouent et se battent. Si le Diable est de bonne humeur, il les rosse tous avec une perche, ensuite de quoi il rit à plein ventre. Puis s'organise la débauche, qui rassemble les plus étranges monstruosités, où sont consommés les vices les plus odieux. Et cela jusqu'à ce qu'apparaissent les premiers signes de l'aube.

Alors, d'un coup, le Bouc se transforme en un coq noir colossal dont la crête est faite de flammes. Il lance un cocorico formidable et la scène entière s'évanouit, laissant un étrange silence sur les herbes où s'étendent les premières lueurs du jour (d'après Jacques Collin de Plancy).

Pour l'historien Jules Michelet, le sabbat, c'est l'orgie des serfs en révolte, et l'importance accordée aux festins dans les descriptions recueillies par les inquisiteurs et les exorcistes se comprend dans une époque de misère et de famine.

Une érudite écossaise, Margaret Murray, a établi (*Le Dieu des sorcières*, Denoël, 1957) que le sabbat n'était pas une cérémonie blasphématoire, antichrétienne, mais la survivance d'un culte de la fécondité remontant à la plus haute Antiquité. Selon elle, le Diable de la sorcellerie médiévale n'est pas la figure de Satan mais la survivance d'une tradition dont on trouve des représentations rupestres.

Les Celtes, s'il faut en croire César, pratiquaient les danses orgiastiques. Et les Inquisiteurs, involontairement, confirment le fondement celte du sabbat, en signalant qu'il se célébrait dans des lieux de cultes celtiques: Carnac, plaine de Blokula en Norvège, sommet du puy de Dôme en Auvergne, etc. Avec l'imprimerie, le Diable apparaît dans de nombreux ouvrages, destiné aussi bien à combattre la sorcellerie qu'à en donner les recettes magiques. Au début du XVIIe siècle, on dénombre plus de trois cent cinquante documents consacrés au Diable.

Si, parfois, la réalité du sabbat est mise en doute (il est difficile d'admettre que le Diable a le pouvoir de transformer des êtres humains en animaux), toute invocation au Diable, tout usage de sortilèges et autres maléfices sont, en revanche, jugés coupables. Pourquoi *sabbat*? Ce nom provient-il de Sabasius (Bacchus) ou du samedi, jour en correspondance avec Saturne? Le déroulement rituélique du sabbat correspond à une messe catholique officiée à l'envers.

Quant au festin, les chroniques se contredisent, les unes évoquent de somptueux repas aux mets délicieux, les autres parlent de nourritures excrémentielles et de sang humain en guise de nectar. Les accouplements entre démons et humains, décrits par les suppliciés et interprétés par des juges, religieux pour la plupart, ne procurent, selon les derniers, aucun plaisir. Seul le Diable semble jouir de la pucelle qu'il déflore, cette reine du sabbat toujours vierge, jeune et belle. Pourquoi Satan se refuserait-il une telle aubaine et préférerait-il à la beauté virginale la décrépitude de ses vieilles admiratrices?

SAINTS ET DÉMONS

À l'époque médiévale (et même après), on craint la puissance démoniaque. Le saint, dont la vie exemplaire doit guider les fidèles de l'Église est souvent la proie du diable contre lequel il mène un combat finalement victorieux. Saint Antoine l'Ermite, dans son désert, est sujet à d'éprouvantes apparitions diaboliques, d'autant que, lorsqu'elles ne sont pas luxurieuses, il est soulevé dans les airs par des démons hirsutes, poilus, crochus, avec des trompes effrayantes, des cornes, des griffes, des queues et des grimaces à damner un saint ermite moins endurci.

Tous les saints honorés pendant cette période ont eu un redoutable commerce avec le démon : saint Dominique, saint François d'Aquin, saint Bernard, saint François d'Assise, sainte Magdeleine de Pazzi, sainte Catherine de Sienne, sainte Angèle de Foligno… attaqués, persécutés, barbouillés dans leur cellule, fustigés, comme saint Jean de la Croix, disciple de sainte Thérèse, par des diables pervers. Sainte Catherine de Sienne dira qu'elle a été jetée au feu puis dans une rivière glacée par les diables ; les inquisiteurs brûlent pour moins que ça ! La nonne Anne de Saint-Barthélemy, coadjutrice de sainte Thérèse est, pour sa part, poursuivie dans les couloirs de son cloître par des démons qui soufflent sa lanterne…

D'autres saints prophétisent comme des magiciens ou des nécromants : sainte Hildegarde de Bingen, dès le XIIe siècle, proclame la chute du Saint Empire Romain, la diminution du pouvoir temporel

Monstre apparu dans le ciel (gravure du XVIe siècle).

des papes, la sécularisation des biens du clergé, la venue de l'Antéchrist, puis des réformateurs protestants. Au XVIe siècle, sainte Brigitte de Suède, mère de huit enfants, surnommée la *Jérémie de l'Église*, annonce l'Antéchrist purificateur et brosse des tableaux cruels et répugnants de la dégénérescence du clergé en plaçant (par prudence?) toutes ces accusations dans la bouche de Dieu. À la même époque, sainte Catherine de Suède, morte à 33 ans, comme le Christ, annonce les croisades, la conquête de la Palestine et la venue de Luther…

Satan

Satan, c'est l'ange tombé du ciel. Il garde une forme angélique, mais certains signes trahissent sa déchéance: ses pieds de bouc et ses oreilles de faune. Il est devenu l'ange de la luxure. Ses ailes ne sont plus que celles de la chauve-souris. Il porte des cornes qui sont la marque de la puissance mais reste affublé d'une queue simiesque parce qu'il est le singe de Dieu. Le vrai nom de Satan, disent les kabbalistes, c'est le nom de Jéhovah renversé car Satan n'est pas un dieu noir, c'est la négation de Dieu. Pour les croyants, le diable personnifie l'athéisme et l'idolâtrie. Pour les initiés, ce n'est pas une personne, mais une force créée pour le bien, mais qui peut servir au mal; c'est l'instrument de la liberté. Lors de la révolte des anges contre Dieu, Satan, gouverneur du nord du ciel se met à la tête des rebelles. Il est vaincu et précipité dans l'abîme. Dans la Genèse, il est représenté comme un serpent. Il serait apparu au docteur Faust sous les traits d'un âne muni de longues cornes de bouc et de la queue d'un chat (d'après Éliphas Lévy et J. Collin de Plancy).

SATYRES / SYLVAINS

Ce sont des génies champêtres mi-homme, mi-chèvre. Ils veillent à la croissance des végétaux, protègent les troupeaux et les bêtes des bois. Les anciens les regardaient comme des démons incubes ; aussi les femmes les redoutaient-elles. Ces êtres bicorporés sont aussi dits faunes, silènes, pans ou satyres. Il y a aussi les onoscèles et les onocentaures à jambes d'âne. Les uns portent un thyrse et une flûte, d'autres une syrinx ou un chalumeau. Les bergers voyaient leurs prunelles luire dans les feuillages ou entendaient craquer les branches mortes sous leurs pas. L'ermite saint Antoine, raconte saint Jérôme, autre ermite inspiré, fit au désert la rencontre d'un satyre qui lui offrit des dattes en échange dc prières…

SEL (GROS)

Le gros sel est un ingrédient protecteur, en sorcellerie. Il absorbe les énergies néfastes et doit être souvent remplacé, au moins une fois par mois.

On ne doit jamais le jeter mais le brûler. Une ancienne coutume voulait que l'on couse des sachets de sel dans la doublure des vêtements. Lorsqu'une salière a été involontairement renversée sur une table, une superstition préconise de jeter du sel par-dessus son épaule. En Poitou, le 1er avril, on répandait du sel aux quatre coins du pâturage pour protéger le bétail.

Stolas

Grand prince des enfers, il apparaît sous la forme d'un hibou et enseigne l'astronomie, la phytothérapie et la science des pierres précieuses. Il commande à 26 légions.

Stryges

Les stryges, vieilles femmes malfaisantes chez les anciens, étaient considérées, dans les croyances des peuplades germaniques, comme des sorcières et des spectres qui mangeaient les cadavres et les vivants. Ces monstres à corps d'oiseau, à seins de femme, se nourrissaient aussi de sang. Ovide, dans les *Fastes*, fait allusion à elles : *Il existe des oiseaux voraces, à la tête énorme, aux yeux fixes, au bec aiguisé pour la rapine : leurs plumes sont blanches et leurs serres crochues. On dit qu'ils déchirent les entrailles de ceux qui ne se sont encore nourris que de lait et qu'ils aiment à s'enivrer de leur sang. On les nomme stryges à cause du cri sinistre dont ils épouvantent la nuit.*

Une loi salique du IVe siècle, et attribuée à un ancêtre de Clovis, dit que: *Si quelqu'un a traité à voix haute une femme de stryge ou de prostituée sans pouvoir le prouver, il sera condamné à une amende de 2 500 deniers... Si une stryge a dévoré un homme et qu'elle en soit convaincue, elle sera condamnée à payer 8 000 deniers...*

La mort diabolique dévorant hommes et bêtes (d'après un dessin du XIIe siècle).

Les Saxons, que Charlemagne pourchassa pour leur paganisme jusqu'à ce qu'ils se convertissent par la force étaient convaincus que les stryges, à l'instar des spectres et des vampires, mangeaient ou suçaient le sang des vivants ; pour s'en préserver, ils faisaient brûler les stryges qu'ils avaient surprises et en mangeaient la chair. Charlemagne, chrétien, qui ne croyait pas aux esprits maléfiques, condamna à mort dans ses capitulaires les Saxons qui avaient fait brûler des hommes ou des femmes accusés d'être stryges. La stryge prend aussi le nom de *goule* qui, sorte de vampire femelle, se repaît de la chair corrompue des cadavres.

SUCCUBES

L'an 1602, un gentilhomme français se trouvant près d'un bois en vit sortir une fille éplorée qui lui demanda protection contre des voleurs qui avaient tué ses accompagnateurs et avaient voulu la violer. Le gentilhomme prit cette demoiselle en croupe et traversa la forêt sans rencontrer personne. Il l'amena dans une hôtellerie où elle ne voulut manger ni boire. Cette demoiselle supplia ensuite son sauveur de la laisser coucher dans la même chambre que lui. Il y consentit avec réticence, et l'on dressa deux lits. Le gentilhomme se coucha dans le sien. Mais la demoiselle, environ une heure après, commença à se dénuder. Le gentilhomme, ébloui par les redoutables attraits féminins dévoilés, se leva de son lit et, mettant le salut de son âme en oubli, s'en alla dans celui de la demoiselle qui le reçut fort aimablement. Ils passèrent la nuit ensemble.

Le matin venu, le pauvre misérable retourna trouver sa couche et s'y rendormit. La demoiselle se leva et disparut sans saluer gentilhomme, hôte ni hôtesse. Le gentilhomme éveillé la demanda, l'attendit jusqu'à environ midi. N'en ayant pas de nouvelles, il monta à cheval, et poursuivit son chemin. À peine était-il à une demie lieue de la ville qu'il découvrit au bout d'une rase campagne un cavalier armé de pied en cap, lequel venait à lui à bride abattue, les armes au poing.

Le gentilhomme, qui était bon soldat, repoussa l'assaut de cet ennemi couvert, lequel se reculant un peu, haussa sa visière. Alors le gentilhomme reconnut la demoiselle avec laquelle il avait passé la nuit précédente. Elle lui déclara qu'il avait couché avec le diable. Le gentilhomme invoqua l'assistance de Dieu, et Satan disparut. Le gentilhomme, tournant bride, rebroussa vers sa maison où il se mit au lit, confessa ce qui lui était arrivé devant plusieurs personnes notables, et mourut peu de jours après, espérant la miséricorde de Dieu (d'après Goulart, *Trésor des histoires admirables*).

Sylphes

Esprits élémentaires, les sylphes (qui ressemblent aux elfes) appartiennent au domaine de l'air. Leur maître se nomme Ariel. Ils ne laissent pas d'empreintes lorsqu'ils marchent, et se protègent des rayons lunaires sous des champignons, ce qui témoigne de leur petite taille. Leurs yeux scintillent. Ils portent des souliers de verre et ont, en guise de bonnet, une fleur de digitale. Si le soleil les surprend, ils se transforment en pierres.

Leur attouchement provoque des maladies. Âmes punies, ils attendent le Jugement Dernier pour être délivrés. En Irlande, ils ont pour reine une Dame Blanche (mythologie celte). Ils ont aussi pour caractéristique de voler les enfants. En 1586, on brûla une certaine Talico Peason accusée de s'être rendue chez la reine des elfes pour y rendre visite à sa progéniture retenue prisonnière. Démons ou génies, esprits de lumière ou de ténèbres, certains voient en eux des anges déchus non condamnés aux châtiments éternels.

Tap

Tap ou Gaap est un démon qui prend une forme humaine quand il se montre à midi. Il inspire les mathématiciens et excite à l'amour comme à la haine. Il commande à 60 légions.

TRITONS

La mer a ses néréides, les fleuves leurs potamides, les ruisseaux et fontaines leurs naïades. Dans les étangs et les eaux mortes vivent les élionomes. L'océan regorge de tritons. Tous ces peuples possèdent aussi le don de prophétie.

TROLLS

Les trolls, dont la corruption a donné *drôles*, sont des génies domestiques, fréquents dans les fermes germaniques. Ils prennent soin des animaux et étrillent d'une main invisible la croupe des chevaux. On rencontre généralement le troll seul. Il se montre sous la figure d'un petit vieillard, au front ridé ; il porte un habit vert foncé à larges boutons ; sa tête est couverte d'un chapeau à bords retroussés. Il craint l'homme, et se cache dès qu'il en entend un, car lorsque celui-ci le surprend, il manque de vitesse pour lui échapper. Il connaît en général, ainsi que les nains, les lieux où sont enfouis les trésors. Il a une bourse en cuir, qui contient une pièce de monnaie ; quand il en a deux, la seconde contient un coin de cuivre. Il aime à danser et fumer. Il s'attache en général à une famille tant qu'il en subsiste un membre ; il a un grand respect pour le maître de maison, mais entre dans de violents accès de colère lorsqu'on oublie de lui donner sa nourriture.

VAMPIRES

Les revenants de Hongrie, ou vampires, sont des hommes morts depuis un temps considérable, qui sortent de leurs tombeaux et viennent inquiéter les vivants, leur sucent le sang, leur apparaissent, font le tintamarre à leurs portes et dans leurs maisons, et enfin causent souvent leur mort. On leur donne le nom de vampires ou d'oupires qui signifie, en esclavon, sangsue. On ne se délivre de leurs manifestations qu'en les déterrant, en leur coupant la tête, en les empalant, en les brûlant ou en leur perçant le cœur (d'après Dom Calvet, *Traité sur les apparitions des esprits et sur les vampires ou revenants de Hongrie, Moravie*..., Paris 1751).

Un pâtre du village de Blow, près de la ville de Kadalm en Bohème, parut pendant quelque temps pour appeler certaines personnes, qui ne manquaient pas de mourir dans la huitaine. Les paysans de Blow déterrèrent le corps de ce pâtre, et le fichèrent en terre avec un pieu, qu'ils lui passèrent à travers le corps. Mais il se moqua d'eux, et les remercia de lui donner ainsi un bâton pour se défendre contre les chiens. La nuit suivante il se releva, et effraya par sa présence plusieurs personnes, parmi lesquelles plusieurs moururent de suffocation. On le livra ensuite au bourreau, qui le mit sur une charrette pour le transporter hors du village et le brûler. Ce cadavre hurlait comme un furieux et remuait des pieds et des mains comme un vivant. Lorsqu'on le perça de nouveau avec des pieux, il jeta de très grands cris et rendit du sang très vermeil, et en grande quantité. Enfin on le brûla, et cette exécution mit fin aux apparitions et aux infections de ce spectre (d'après Dom Calvet, Traité sur les apparitions des esprits et sur les vampires ou revenants de Hongrie, Moravie…, Paris 1751).

La Hongrie, la Pologne, la Bulgarie, la Yougoslavie, la Transylvanie – province des Carpates roumaines – nous offrent une impressionnante littérature relative au vampirisme, principalement au XVIIIe siècle. Ces morts dont la malfaisance est abondamment attestée, sont nommés vampires, oupires ou broucolaques. Témoignage de Louis de Beloz, capitaine du prince de Wurtemberg.

« Ce prince fit partir une députation de Belgrade, moitié d'officiers militaires, moitié de civils, avec l'auditeur général du royaume, pour se transporter dans un village où un fameux vampire, décédé depuis plusieurs années, faisait un ravage excessif parmi les siens : car notez que ce n'est que dans leur famille et parmi leur propre parenté, que ces suceurs de sang se plaisent à détruire notre espèce. Cette députation fut composée de gens reconnus pour leurs mœurs et même pour leur savoir, irréprochables et même savants parmi les deux ordres : ils furent assermentés et accompagnés d'un lieutenant des grenadiers du régiment du prince Alexandre et de vingt-quatre grenadiers dudit régiment. Tout ce qu'il y eut d'honnêtes gens, le duc lui-même, qui se trouvait à Belgrade, se joignit à cette députation pour être spectateurs oculaires de la preuve véridique que l'on allait faire. Arrivé sur les lieux, l'on trouva que dans l'espace de quinze jours, le vampire, oncle de cinq enfants, en avait déjà expédié quatre dans l'autre monde. Il en était au cinquième, belle jeune fille, et l'avait déjà sucée deux fois lorsqu'on mit fin à cette triste tragédie par les opérations suivantes.

« On se rendit à sa sépulture avec les commissaires députés, dans un village situé non loin de Belgrade ; et cela en public et à l'entrée de la nuit. Ce Monsieur n'a pu me dire les circonstances du temps auquel les précédents morts avaient été sucés, ni aucune particularité à ce sujet. La personne, après avoir été sucée, se trouva dans un état pitoyable de langueur, tant le tourment était violent. Il y avait environ trois ans que le vampire était enterré et l'on vit sur son tombeau une lueur semblable à celle d'une lampe, mais moins vive.

« On pratique l'ouverture du tombeau et l'on y trouva un homme entier et paraissant aussi sain qu'aucun de nous qui assistions à cette opération : les cheveux et les poils de son corps, les ongles, les dents et les yeux (ceux-ci à demi-fermés) se trouvaient aussi fermement attachés après lui qu'ils le sont actuellement après nous qui avons vie et qui existons ; et le cœur était palpitant. On procéda alors à l'extraction du corps hors de son tombeau. Ce corps n'était pas, à la vérité, flexible. Mais il n'y manquait nulle partie, ni de chair ni d'os.

« Ensuite on lui perça le cœur avec une espèce de lance de fer, ronde et pointue : il en sortit une matière blanchâtre et fluide avec du sang, mais le sang dominant sur la matière, le tout n'ayant aucune mauvaise odeur. Après quoi, on lui trancha la tête avec une hache semblable à celle dont on se sert en Angleterre pour les exécutions ; il en sortit aussi une matière et du sang, semblablement à ce que je viens de dépeindre, mais plus abondamment, à proportion de ce qui sortit du cœur.

« Cette besogne terminée, on rejeta le cadavre dans la fosse avec force chaux-vive, afin de le consumer plus promptement. Et dès lors sa nièce, qui avait été sucée deux fois, se porta mieux. À l'endroit où ces personnes ont été sucées, il se forme une tâche bleuâtre : l'endroit de la succion n'est pas déterminé ; tantôt c'est un endroit, tantôt c'est un autre. Cette affaire est un fait notoire, attesté par les actes les plus authentiques et passé à la vue de plus de mille trois cents personnes, toutes dignes de foi. »

VOLAC

Démon qui apparaît sous la forme d'un enfant avec des ailes d'ange, monté sur un dragon à deux têtes. Il commande aux serpents et à 30 légions infernales.

VOUIVRE

Monstre moitié femme, moitié serpent. Quand elle n'a pas d'yeux, elle porte au front une escarboucle qui la guide comme un rayon lumineux jour et nuit. Lorsqu'elle se baigne, elle dépose cette escarboucle sur la rive, et celui qui s'en emparera commandera à tous les génies pour se faire apporter les trésors enfouis dans les montagnes. Mais la vouivre est méfiante et jaillit de l'eau au moindre bruit pour s'élancer vers celui qui trouble son bain, afin de l'étrangler avec sa queue de serpent.

Ci-dessous une vouivre (gravure du XVIe siècle).

CHOISIR SON SAINT SELON SON MAL

Abcès : Louis
Abeilles (attirer les) : Isidore, Valentin
Accidents : Marie
Accident de chasse : Hubert
Accident de la route : Christophe
Accouchements : Anne, Antoine, François, Léonard, Marguerite, Marie
Accusations injustes : Jeanne d'Arc
Adolescents : François, Médard
Adultère : Daniel, Françoise, Théodora
Agonie : Abel, Colombe, Éric, Jean
Alcoolisme : Martin, Matthias
Ambition : Innocents
Amour (chagrin d') : Irène, Marie-Madeleine
Animaux égarés : Martin
Angine : Philibert
Angoisse : Hubert
Aphtes : Gaston

Apoplexie : André, Christian
Appendicite : Théodore
Arêtes de poisson : Blaise, Lucrèce
Artérite : Valéry
Asphyxie : Félix
Avarice : Ambroise, Guillaume
Belle-mère : Françoise
Bêtes sauvages : Sosthène
Blasphèmes : Jeanne d'Arc
Blessures : Jacques, Nathalie
Bois de chauffage : Paul
Bras (douleur du) : Marcelle
Brûlures : Benoît, Jeanne d'Arc, Laurent
Calculs rénaux : Conrad
Cancer : Anastasia, Gilles
Canicule : Ambroise
Carie : Apolline
Cas désespérés : Rita
Cauchemars : Sabine
Cécité : Max, Odile, Omer, Sibylle
Chagrin d'amour : Irène, Marie-Madeleine
Chasse : Eustache, Hubert
Chasteté : Cécile, Édouard, François, Thomas
Chevaux : Éloi
Cheveux : Flora, Julienne, Just, Suzanne

Choisir son saint selon son mal

Cheveux blancs :	Jacques
Chocs :	Eusèbe
Chômage :	Rémi
Chorée :	Guy
Chute (après une) :	Gaspard
Cicatrisation :	Octave
Claudication :	Camille, Gilles, Philippe, Victor
Colère :	Jérôme, Lazare
Colique :	Guy, Honoré, Martine
Colique néphrétique :	Florent
Complexes :	Jean
Confession :	Michel
Constipation :	Jules, Omer
Contagion :	Armel, Julien
Convulsions :	Ghislain, Guy, Jean-Baptiste
Cors au pied :	Pierre
Crise de nerfs :	Balthazar
Débauche :	Marie d'Égypte
Démons :	Benoît, Eusèbe, Geneviève, Gilles
Dents (mal aux) :	Apolline, Basile, Guy
Dépression nerveuse :	Hubert
Désespoir :	Rita
Désobéissance :	Monique
Dettes :	Albin, Baudouin
Diabète :	Gertrude
Diarrhées :	Germain

Discorde : Marie, Patrick

Disputes conjugales : Marie, Patricia

Disputes familiales : Hélène

Dos : Laurent

Douleurs physiques : Jacques

Drame familial : Catherine

Durillons : Pierre

Dysenterie : Eulalie, Guy, Lucie

Eau (trouver de l') : Anselme

Éboulements : Césaire

Écrouelles : Édouard, Louis

Eczéma : Côme, Rose

Éloquence : Théodore

Emploi : Rémi

Enfant malade : Blaise, Clotilde, Nicolas

Enfants martyrs : Édouard

Enfant (premiers pas) : Guillaume

Enfant (protection) : Antoine, Marie, Nicolas, Solange

Enfant (surveillance) : Antoine

Engelures : Janvier, Saturnin

Ennemis : Georges

Épilepsie : Amédée, Balthazar, Joachim, Romain

Épine (piqûre d') : Félix

Épouse (trouver) : Valérie

Éruption volcanique : Agathe

Érysipèle : Antoine

Choisir son saint selon son mal

Escarres :	Solène
Esclavage :	Vincent
Estomac (ulcère) :	Diego
Estomac (brûlures) :	Grégoire, Marthe, Matthias
Étouffement :	Blaise
Évanouissement :	Valentin
Examen (études) :	Paul
Expulsion :	Basile
Famine :	Geneviève, Hyacinthe
Fautes graves :	Michel
Faveurs féminines :	Marcel
Femmes battues :	Anastasia, Jules, Rita
Fête réussie :	Fabienne
Feux de cheminée :	Clément
Fiançailles :	Valentin
Fièvre :	Abraham, Gérard
Fièvre de l'enfant :	Nicolas
Foie (maladie du) :	Cyrille, Josse
Folie :	Berthe, Gildas, Priscilla
Foudre :	Barbe
Fracture osseuse :	Éloi, Félix
Furoncle :	Thierry
Gel (contre le...) :	Benoît
Genoux (mal aux) :	Roch
Gerçures :	Agathe
Gorge (mal de) :	André, Audrey, Marin, Pascal, Valérie
Gourmandise :	Micheline

Goutte : Jacques, Maurice
Grippe : Hilaire, Hugues
Grossesse : Anne
Hémorroïdes : Athanase, Basile, Fiacre, Gilbert
Héritage : Marc
Hiérarchie : Étienne, Eustache
Homosexualité : Anastase
Hoquet : Eugénie, Serge
Impétigo : Lucien, Reine
Impôts : Eusèbe
Impuissance : Albert, Luc, Serge
Incendie : Boniface
Inceste : Frédéric, Ignace
Incontinence : Gervais
Indigestion : Aurélien, Jonas
Injustice : Jeanne d'Arc
Inondations : Macaire
Insomnie : Bernard, Désiré, Hubert
Intermédiaire : Gabriel
Intestins : Loup, Vincent
Intoxication : Joseph
Jambes : Pierre
Jambes (paralysées) : Corneille, Honoré
Jambe cassée : Adrien
Jardin : Adam
Jeu (se délivrer du) : André
Jurons (contre les) : Marie

Lait (de nourrice) :	Agathe
Langue (maladie) :	Anastasia
Logement :	Joseph
Longévité :	Narcisse, Siméon
Loups (dressage) :	Edmond, Étienne, Hervé, Ignace
Lucidité (garder sa) :	Grégoire
Lumbago :	Laurent
Luxure :	Agathe, Médard, Paul, Thomas
Mains (blessures) :	Edmond, Max
Maladies :	André, Catherine, Marie
Maladies incurables :	Rita
Maladies infantiles :	Marie
Maléfices :	Benoît
Malhonnêteté :	Alphonse
Manies :	Gautier
Maraudeurs :	Josse
Marcheurs :	Robert, Roch
Mari (trouver un) :	André, Estelle
Mariage (échapper) :	Alexis
Mélancolie :	Grégoire, Paul
Mémoire (perte de) :	Expédit, Joseph
Ménage :	Marthe
Mensonge :	André
Mer (mal de) :	Raphaël
Mésentente conjugale :	Marie, Mathurin
Mésentente familiale :	Marie

Messager : Gabriel

Migraines : Denis, Gaston, Gérald

Misère : Delphine, Jérémie, Vincent

Morsure de serpent : Lucien, Philippe, Simon

Mort (se protéger) : André

Mort subite : Barbe, Ursule

Mort (vision de sa) : Brigitte

Mutilés de guerre : Rachel

Mutisme : Prosper

Myopie : Eustache

Naufrage (contre les) : Raymond

Nerfs (crises de) : Balthazar, Donald

Nourrices : Marine

Nourrissons : Isabelle

Nourriture : Geneviève, Hyacinthe

Nouvelles (avoir des) : Romuald

Noyade : Romain

Nuit noire : Robert

Objets perdus : Antoine, Barnabé

Objets volés : Julien

Œdèmes : Gilbert

Oiseaux : François d'Assise

Orage : Antoine, Barbe

Oreillons : Martial

Orgelet : Thierry

Orgueil : Anne, Bernadette

Orphelins : Vincent

Otage (prise d') : Abel

Choisir son saint selon son mal

Ouïe fine : Claire
Ours (dressage) : Léon
Pacifisme : Marcel
Panaris : Cyprien, Honorat
Paralysie : Corneille, Raphaël, Sébastien
Paralysie (jambes) : Honoré
Parasites (animaux) : Augustin, Florent
Parents maltraités : Ludmilla, Mathilde
Peau (maladies) : Antoine, Côme, Reine
Pécheresse repentie : Marie-Madeleine, Régis
Perte (d'un objet) : Antoine
Perversions sexuelles : Eugénie
Peste : Bruno
Pied (mal au) : Pierre, Serge
Piqûres de ronces : Arnold
Piqûres vénéneuses : Gérard, Gertrude
Pluie (faire cesser) : Nestor
Pluie (faire tomber) : Herbert, Isidore, Solange
Poisson (arête de) : Blaise, Lucrèce
Poliomyélite : Sébastien
Poumons : Thérèse
Prisonniers : Germain, Raymond
Procès (gagner un) : Thomas
Prostituée repentie : Régis
Protection céleste : Sainte Trinité
Psychoses : Gautier
Purgatoire (éviter) : Laurent, Michel

Querelles familiales :	Gondran
Rage :	Hubert
Rats :	Augustin, Gertrude
Règles (premières) :	Agnès
Règles douloureuses :	Denise
Règles tardives :	Félix
Reins :	Lambert, Marthe
Réveil (tôt) :	Germain
Rhumatismes :	Jacques, Lazare
Ronces (piqure de) :	Arnold
Ronflement :	Bernard
Route (accident) :	Christophe
Sécheresse :	Honoré
Sein (cancer du) :	Anastasia
Seins douloureux :	Agathe, Justine
Seins (raffermis) :	Christine
Séismes :	Agathe, Césaire, Marianne
Serpents (morsures) :	Julien, Philippe, Simon
Situation désespérée :	Jude, Rita
Soif :	Cyrille
Soleil (faire venir) :	Adam, Aignan, Roland
Somnolence :	Guy
Sort (mauvais) :	Catherine
Stérilité :	Anne, François, Gabriel, Sara, Thibaud
Surdité :	Aurélien, Ida, Léonard
Taureau :	Saturnin
Témoignage :	Thomas

Choisir son saint selon son mal

Tempêtes :	Cyrille
Temps (beau) :	Roland
Testament :	Félix
Tête (maux de) :	Denis
Timidité :	Jean-Baptiste
Torticolis :	Arnold
Toux :	Quentin, Rose
Travaux ménagers :	Marthe
Troubles psychiques :	Mathurin
Tuberculose :	Casimir, Céline, Thérèse
Urgence :	Expédit
Urine (incontinence) :	Gervais
Varicelle :	Odile
Varices :	Marguerite-Marie
Ventre (maux de) :	Guy, Honoré
Veuvage :	Ségolène
Victoire militaire :	Maurice
Vieillesse :	Léonce
Vigne :	Augustin, Hilaire
Violence :	Jérôme
Virginité :	Agnès, Angèle, Catherine, Matthieu
Vision de sa mort :	Brigitte
Voix (extinction de) :	Cécile, Vincent
Voix (forte) :	Félix
Vomissements :	Julienne, Madeleine
Voyage :	Christophe, Raphaël
Vue (bonne) :	Geneviève, Lucie

Table des matières